LTC 중급과정 IG

LEADERSHIP TRAINING CLASS

서 문

1951년 하나님으로부터 세계 복음화의 비전을 받은 고(故) 빌 브라이트 박사는 "오늘의 학원 복음화는 내일의 세계 복음화"라는 기치를 들고 CCC(Campus Crusade for Christ) 사역을 시작하였습니다. 그 후 빌 브라이트를 만나 비전을 전수받은 고(故) 김준곤목사는 1958년 한국대학생선교회를 창설하였습니다. 그는 "민족의 가슴마다 피 묻은 그리스도를 심어 이 땅에 푸르고 푸른 그리스도의 계절이 오게 하자."라는 표어로 성서한국, 통일한국, 선교한국의 비전을 젊은이의 가슴 속에 심었습니다.

LTC(Leadership Training Class)는 이러한 비전을 성취하기 위한 기도와 전략 가운데 만들어진 훈련교재입니다. 이 책자를 통해 전도훈련을 받고 성령의 능력 안에서 전도한 결과 잃어버린 영혼이 주님께로 돌아오는 놀라운 일들이 일어났습니다.

LTC 초급은 하나님께서 CCC에 주신 지상명령 성취를 위한 구체적인 전략을 담고 있습니다. 구원의 확신, 영혼의 호흡, 성령 충만한 삶의 개념은 그리스도인들이 세상에서 승리하면서 살아갈 수 있는 방법을 알려줍니다. 사영리 훈련과 성령 안에서 전도하는 방법은 그리스도인들이 실제적으로 전도할 수 있도록 돕습니다.

LTC 중급은 전도한 이들을 순모임에 초대해 말씀과 기도 안에서 육성할 수 있는 구체적인 방향과 방법을 제시합니다. 특히 가법번식과 승법번식의 차이를 알게 되며 지상명령 성취를 위해 승법번식하는 순모임이 불같이 일어나야 함을 배우게 됩니다.

LTC 고급은 예수님이 보여주신 제자화 사역의 원리와 승법번식하는 제자화 순의 특성을 강조합니다. 또한 지상명령 성취를 위해 영적 운동을 일으키는 방법을 제시고 전략을 세우게 합니다.

LTC에는 CCC의 사역 철학과 비전이 고스란히 담겨있습니다. 이 훈련 교재를 통해 당신도 주님의 지상명령 성취를 도울 수 있습니다.

교재개발연구팀(MRD)

제자 육성

차 례

강의 1 학생용 교재 4p

성령 안에서 승리하며 살아가기

개관 목적

성령 충만한 삶을 지속적으로 살아가는 방법을 배우고 적용한다.

학습 목표

1. 성령 충만을 확신할 수 있게 된다.
2. 영적 싸움에 대비하는 방법을 알게 된다.
3. 하나님의 자녀로서의 권리를 알게 된다.
4. 믿음으로 살아가게 된다.

개요

서론 (5분)
그리스도인은 성령의 능력 안에서 풍성하고 열매 맺는 삶을 살아갈 수 있다.

1. 영혼의 호흡을 통해 성령 충만을 확신하라. (12분)
   1) 성령께서는 그리스도인 안에 계신다.
   2) 성령 충만은 성령의 지배를 받으며 그분의 능력을 힘입는 것이다.
   3) '영혼의 호흡'을 통하여 성령 충만을 받을 수 있다.
   4) 믿음으로 살지 않으면 세상적인 그리스도인이 된다.
   5) 죄는 깨달은 즉시 고백하라.
   6) 감정에 의존하지 말라.

2. 영적 싸움에 대비하라. (12분)
그리스도인의 삶에는 영적인 싸움이 있다. 그리스도인의 대적은 세상, 육체(자아), 마귀이다.
   1) 세상(요일 2:15~17)
   2) 육체(자아)(갈 5:17)
   3) 마귀(벧전 5:8)

3. 하나님의 자녀로서의 권리를 사용하라. (9분)
   1) 하나님은 필요한 모든 것을 주셨다.
   2) 하나님과 함께 시간을 보낼 때 주님이 주시는 풍성한 자원을 알 수 있다.
   3) 성령을 통하여 그리스도를 의지 할 때 하나님의 무한한 자원을 사용할 수 있다.
   4) 주님의 풍성한 자원을 사용할 때 성령께서 열매를 맺게 하신다.
   5) 주님의 지상 명령 성취를 돕기 위해 예수 그리스도의 능력을 활용할 수 있다.
   6) 풍성한 자원을 알면 순종하게 된다.

4. 믿음으로 살라 (12분)
   1) 감정에 의존하지 않아야 한다.
   2) 어려운 상황에도 믿음으로 감사할 수 있다.
   3) 염려를 믿음으로 하나님께 맡길 수 있다.

서론 학생용 5p

예수님께서는 우리가 성령의 능력 안에서 풍성하고 열매 맺는 삶을 살아갈 수 있다고 약속하셨다.

1 그리스도인이 풍성한 삶을 사는 비결은 성령 안에서 살아가는 것이다. 그것은 예수님께서 부활의 능력으로 우리를 통해 사시는 것을 뜻한다(갈 2:20).

2 우리는 매순간 영혼의 호흡을 통하여 성령 안에서 살아갈 수 있다.

* 토의 : 그런데 왜 많은 그리스도인들이 풍성한 삶을 살고 있지 못하는가?
(몇몇 학생들의 의견을 들어보라.)

여러 가지 이유가 있겠지만 정리하면 다음과 같은 이유 때문일 것입니다.

① 죄를 짓고 고백하지 않기 때문이다(죄책감).
② 우리의 대적들에 대해 잘 알지 못하고 무방비 상태로 노출되어 있기 때문이다.
③ 하나님이 주신 자원들을 모르거나 사용하지 않기 때문이다.
④ 믿음으로 살지 않고 감정에 따라 살기 때문이다.

이제 이와 같은 내용을 자세히 살펴보도록 하겠습니다.

1. 영혼의 호흡을 통해 성령 충만을 확신하라. 학생용 5p

1 예수님을 영접할 때 성령이 우리 안에 들어오심으로 하나님의 자녀가 된다. 당신이 그리스도인이라면 성령께서는 이미 당신 안에 거하신다(고전 3:16).

2 성령 충만이란 성령의 지배를 받으며 그분의 능력을 힘입는 것이다(엡 5:18).

성령님은 인격적이어서 우리가 마음의 중심을 자원하여 그분께 드릴 때만 우리를 지배하시고 다스리신다. 그러므로 그리스도인이 계속해서 성령의 지배를 받으려면 순간순간 우리의 지성과 감정과 의지를 그리스도께 드려 그리스도께서 계속 우리 마음의 왕좌에서 우리를 다스리시도록 해야 한다.

3 당신이 세상적인 그리스도인으로 마음의 왕좌를 차지하는 죄를 지었다면 '영혼의 호흡'을 통하여 죄를 고백하고 성령 충만을 받을 수 있다.

세상적인 그리스도인은 감정을 따라 살아가기 때문에 영적으로 기복이 심한 생활을 하게 된다. 기복이 심한 신앙생활을 하는 그리스도인들은 '영혼의 호흡'을 통해 성령 충만을 받고 예수 그리스도께서 약속하신 풍성한 삶을 살아갈 수 있다.

(1) 내쉼 : 죄를 고백하는 것(요일 1:9)

① 동의 - 우리의 죄가 잘못된 것이며 하나님을 슬프시게 한다는 사실에 동의하는 것이다.

② 감사 - 우리의 죄를 위하여 예수 그리스도가 십자가에서 피 흘려 죽으심으로 우리의 모든 죄 곧 과거와 현재와 미래의 모든 죄를 용서해 주셨음을 인정하고 감사한다.

③ 회개 - 죄에 대한 우리의 태도를 바꾸는 것이며 성령의 능력을 힘입어 우리의 행동을 바꾸는 것이다.

(2) 들이쉼 : 믿음으로 성령 충만을 받는 것

① 명령 - 하나님은 우리에게 성령 충만 받으라고 명령하셨다.

"술 취하지 말라 이는 방탕한 것이니 오직 성령으로 충만함을 받으라"(엡 5:18)

② 약속 - 하나님은 우리가 하나님의 뜻대로 기도하면 응답하신다고 약속하셨다.

"그를 향하여 우리가 가진 바 담대함이 이것이니 그의 뜻대로 무엇을 구하면 들으심이라 우리가 무엇이든지 구하는 바를 들으시는 줄을 안즉 우리가 그에게 구한 그것을 얻은 줄을 또한 아느니라"(요일 5:14~15)

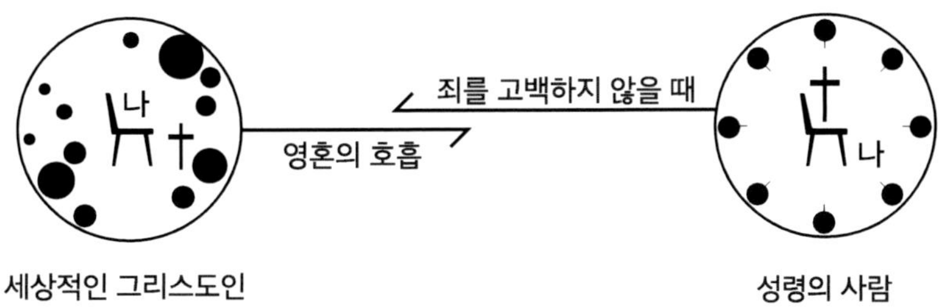

4 성령의 사람이 믿음으로 살아가지 않으면 세상적인 그리스도인이 된다(롬 14:23하).

바울은 로마서 14:23에서 믿음으로 하지 않는 모든 것은 '죄'라고 말한다. 죄를 짓고도 영혼의 호흡을 하지 않으면 세상적인 그리스도인이 된다. 그러나 죄를 지었을지라도 영혼의 호흡을 계속해 나간다면 성령 충만한 삶을 살 수 있다. 불신의 태도로 삶을 지속하거나 영혼의 호흡을 거부할 때 세상적인 그리스도인이 된다.

5 우리 생활 속에서 죄를 쌓아두지 말고 깨닫는 즉시 고백해야 한다(요일 2:1~2).

죄를 지었다고 깨닫는 순간 즉시 그 자리에서 영혼의 호흡을 하라.

6 특별한 감정을 의존하거나 추구하지 말아야 한다.

성령 충만은 느낌이 있을 수도 있지만 없을 수도 있다. 우리는 하나님의 명령과 약속을 믿고 의지함으로 성령 충만함을 확신해야 한다.

2. 영적 싸움에 대비하라. 학생용 6p

그리스도인의 삶에는 영적인 싸움이 있다. 그리스도인의 영적 싸움은 세상, 육체(자아), 마귀와의 싸움이다. 우리는 그리스도인을 대적하는 영적 세력을 알고 대비해야 한다.

1 세상 (요일 2:15~17)

(1) 성경은 이 세상을 사랑하지 말라고 경고하고 있다.

여기서 세상이란 세상 사람들이 아니라 하나님을 대적하는 모든 이론이나 사상, 사람, 조직, 시스템 등을 말한다(고후 10:4~5). 하나님께서는 이 세상을 사랑하는 사람을 결코 사용하지 않으신다.

(2) 예수님은 세상을 이기셨다(요 16:33).

그리스도께서 이미 세상을 이기셨기 때문에 우리가 그리스도 안에 있으면 어떤 영적 싸움에서도 이길 수 있다. 그리고 세상을 이기는 힘은 그리스도에 대한 우리의 믿음이다(요일 5:4).

2 육체(자아) (갈 5:17)

여기서 육체는 우리의 자아를 말한다. 우리의 자아는 죄악된 본성(sinful nature)으로서 끊임없이 성령을 거스른다.

(1) 죄와 유혹은 차이가 있다.

유혹은 하나님의 뜻에 어긋난 행동을 하고 싶은 최초의 생각이나 느낌이나 욕구이다. 유혹은 죄가 아니다. 우리 주님도 유혹을 받으셨다. 유혹이 우리 안에 뿌리를 내려 욕심이 생기면 그것은 우리를 속여서 불순종의 죄를 짓도록 유도하고 결국 사망에 이르게 한다.

(2) 성령의 인도에 따라 살아갈 때 이런 갈등은 해결된다(갈 5:16).

어떤 아이가 검은 개와 흰 개 두 마리를 기르고 있었다. 이 개들은 날마다 으르렁 거리며 싸웠다. 어떤 날은 검은 개가 승리했고 어떤 날은 흰 개가 승리했다. "왜 어떤 날은 검은 개가 이기고 어떤 날은 흰 개가 이기니?"라고 아이에게 물었다. 그 아이는 "내가 밥을 주는 개가 항상 이겨요"라고 대답했다.

우리 안의 영적 싸움도 이와 같다. 내 의지를 주님께 드리면 영적 싸움에서 승리하게 되고 내 육체의 욕심대로 행하면 패배하게 된다. 우리 안에서 벌어지는 영적 싸움에서 항상 성령의 편에 서서 살아가라. 그러면 당신은 육체의 욕심을 따르지 않고 승리하게 된다. 유혹을 받을 때마다, 우리의 연약함을 깨닫게 될 때마다, 주님이 그 문제를 다루어 주시도록 기도하고 맡기라(벧전 5:7).

3 마귀(벧전 5:8)

(1) 그리스도인들을 믿음에서 떠나게 하려는 악한 영들이 있다(요일 3:8~9).
참고: 마귀는 사탄(원어의 뜻 : 고소자)이라고도 불리며 악한 영적 세력(귀신)들의 우두머리이다.

(2) 하나님은 마귀가 우리를 공격할 때에 두려워할 필요가 없다고 말씀하신다.

"너희 안에 계신 이가 세상에 있는 이보다 크심이라"(요일 4:4하)

마귀는 실로 우리를 파멸시키려고 하는 원수이다. 우리가 마귀에게 지지 않고 승리하려면 "우리 안에 계신 분[예수 그리스도]이 세상에 있는 자[사탄]보다 더 크시다"는 확신을 가져야 한다.

(이 개념을 설명하기 위해 아래의 예화 또는 비슷한 경험을 사용하라.)
동물원에 가면 사자를 볼 수 있다. 사자는 가까이 접근 할 수 없는 맹수지만 동물원에서는 우리 안에 갇혀 있으므로 사람들이 사자를 전혀 무서워 할 필요가 없다. 사람들이 사자 우리 안으로 들어가지 않는다면 사자가 사람을 해칠 수 없기 때문이다.
우리가 우리 자신을 의지하지 않고 그리스도의 권세를 의지하는 한 마귀를 무서워할 필요가 없다. 마귀는 하나님께서 허락한 능력 외에는 아무런 능력이 없다. 그리고 마귀는 이미 2000년 전에 십자가에서 예수님에게 패배했고 지금도 하나님의 권세 아래 있다. 우리가 하나님의 영적인 갑옷을 입고 있는 한 마귀는 우리를 이기지 못한다(엡 6:11~13). "그런즉 너희는 하나님께 복종할지어다. 마귀를 대적하라 그리하면 너희를 피하리라"(약 4:7)

토의 당신은 어떤 영적 싸움을 하고 있는가? 그 싸움에서 어떻게 승리할 수 있겠는가?
(그룹으로 나누어 토의하라.)

3. 하나님의 자녀로서의 권리를 사용하라. 학생용 7p

성령 안에서 승리하는 삶을 살기 위해서 우리는 하나님의 자녀로서의 권리를 알고 사용해야 한다.

1 하나님은 우리가 하나님의 자녀로 살아가는 데 필요한 모든 것을 주셨다.

로마서 8:32에서 "자기 아들을 아끼지 아니하시고 우리 모든 사람을 위하여 내주신 이가 어찌 그 아들과 함께 모든 것을 우리에게 주시지 아니하겠느냐"라고 말씀하신다.

2 하나님과 함께 충분한 시간을 보낼 때에 우리는 그분이 주시는 풍성한 자원을 알 수 있다.

하나님께서는 그의 자녀들에게 평강(요 14:17)과 기쁨(요 16:24), 사랑(롬 5:5)과 지혜(약 1:5) 등 무한한 자원을 주신다. 하나님의 자녀로서의 특권과 자원들을 알려면 주님과 함께 충분한 시간을 보내야 한다. 말씀을 읽고 그분의 음성에 귀를 기울이며 인도하심을 따라 살아가는 것은 어떤 것보다도 중요하다.

3 성령을 통하여 그리스도를 의지할 때 하나님이 주신 무한한 자원을 사용할 수 있다.

그리스도인은 자신의 힘이 아닌 하나님의 능력을 의지하여 산다. 우리에게는 능력이 없고 하나님께서 능력을 주신다. 포도나무 가지가 나무에 붙어 있을 때 생명이 있고 열매를 맺는 것처럼, 그리스도인도 그리스도 안에 거할 때 생명을 주시는 하나님의 능력을 경험할 수 있다(요 15:4~5).

4 우리가 예수 그리스도를 알아가고 그분이 주시는 풍성한 자원을 사용할 때 성령께서는 그리스도인의 삶에 필요한 열매를 맺게 하신다(요 15:8).

(당신이 최근에 그리스도와 동행하며 그리스도 안에 있는 자원을 사용해 열매를 맺은 경험이 있다면 그 경험을 나누라.)

5 주님의 지상명령 성취를 도우려는 모든 그리스도인들은 부활하신 예수 그리스도의 능력을 활용할 수 있다.

예수님은 사도들에게 항상 그들과 함께 있겠다고 약속하시고 세상에 복음을 전하라고 명령하셨다. 그는 "하늘과 땅의 모든 권세를 내게 주셨으니 그러므로 너희는 가서 모든 민족을 제자로 삼아 아버지와 아들과 성령의 이름으로 세례를 베풀고 내가 너희에게 분부한 모든 것을 가르쳐 지키게 하라 볼지어다 내가 세상 끝날까지 너희와 항상 함께 있으리라 하시니라"(마 28:18~20)고 말씀하셨다.

6 예수 그리스도 안에 있는 풍성한 자원을 알면 알수록 하나님의 뜻을 따르게 될 것이다.

하나님을 알고 그분 안에 있는 자원을 알면 알수록 우리는 생활의 큰 영역에서 작은 영역까지도 하나님께 맡기게 된다. 그리고 그분의 뜻을 더욱 따르고 싶어 하게 될 것이다.

4. 믿음으로 살라. 학생용 7p

1 그리스도인은 감정에 의존하지 않고 믿음으로 산다(갈 3:11).

주님을 신뢰하고 순종할 때 그 결과로 감정이 따른다. 감정이 중요하지만 느낌에 의존하거나 감정적인 경험을 추구하는 것은 믿음으로 살라고 하신 하나님의 명령을 거부하는 것이다. 우리 믿음의 대상은 하나님과 그분의 말씀인 성경이다.

2 그리스도인은 어려운 상황에도 믿음으로 감사할 수 있다.

(로마서 8:28을 읽으라.)

하나님은 우리를 사랑하시며 모든 것을 합력하여 선을 이루시겠다고 약속하셨다. 그리고 데살로니가전서 5:18에서 "범사에 감사하라 이것이 그리스도 예수 안에서 너희를 향하신 하나님의 뜻이니라"고 명령하셨다.

아주 힘들고 어려운 일을 당했을 때 '하나님, 감사합니다'라고 한 적이 있는가? 몸이 아플 때 하나님께 감사하는가? 애인이 절교를 선언할 때는 어떻게 하는가? 그리고 재정적인 어려움에 빠졌거나 시험에 낙방했을 때, 믿음 때문에 박해 받을 때도 감사하는가?

이런 상황에서 그 누구도 하나님께 감사할 수 없을 것이다. 그러나 하나님이 우리에게 감사하라고 명하셨다면 거기에는 분명히 선한 이유가 있다. 일이 잘못 되었을 때도 믿음으로 "감사합니다"라고 말하는 것은 우리가 배울 수 있는 가장 멋진 교훈 중의 하나이다.

3 그리스도인은 믿음으로 모든 염려를 하나님께 맡길 수 있다(벧전 5:7).

성령 충만한 그리스도인들도 문제를 안고 살아간다. 누구나 건강의 문제, 관계의 문제, 사랑하는 사람들의 죽음, 재정적 필요 등 여러 가지 문제들을 가지고 있다. 하나님은 그 모든 문제들을 주님께 맡기라고 명령하셨다. 성령 충만한 사람들은 이런 문제들 가운데서도 하나님께서 자신들을 도와주시고 그 문제들을 해결해 주시며 또한 그 문제들을 통해 자신들을 성장시키실 것을 믿는다. 그래서 침착하고 확신 있는 태도로 그 문제들에 대처해 나간다.

(걱정이나 염려를 주께 맡겨 해결된 사례가 있다면 나누라.)

토의

하나님의 말씀보다 나의 감정이나 경험에 의존하는 영역은 무엇인가? 그 영역에서 어떻게 믿음으로 살 수 있는가?

(그룹으로 나누어 토의하라.)

강의 2 학생용 교재 8p

GrowDIP하자!

-CCC 리더십 훈련 패러다임-

개관 목적

CCC 학생 리더십 훈련의 목표를 알고
그 목표 성취를 위한 커리큘럼과 교재들을 이해한다.

학습 목표

1. CCC 학생 리더십 훈련의 목표를 알게 된다.
2. 리더십 훈련의 목표 성취를 위한 커리큘럼을 이해하게 된다.
3. 커리큘럼의 교재와 강의 및 훈련 자료들을 개관하게 된다.

개요

1. CCC 리더십 훈련의 목표 (3분) : 성숙한 인격과 탁월한 실력을 갖춘 성령 충만한 리더들을 육성하여 모든 곳에 영적 운동을 일으켜 주님의 지상명령 성취를 돕는 것이다.

2. CCC 리더십 훈련 패러다임의 3가지 영역과 목표 (10분)
   1) CCC 리더십 훈련 패러다임은 3가지 영역에 초점을 맞춘다.
      - 영적 성장(Growth in God)
        제자화(Discipleship & Evangelism)
        세상을 향한 영향력(Influence in the world Paradigm)
   2) GrowDIP은 이 세 영역의 머리글자를 따온 것이다.
   3) 세 영역은 유기적으로 연결되어 있다.
   4) G는 개인의 영적 성숙, D는 제자화 사역을 위한 교육과 훈련 기술, I는 섬김을 통한 세상 속에서의 영향력을 목표로 한다.

3. CCC 리더십 훈련 패러다임 (8분)
   1) G, D, I 세 영역이 4단계로 구성된다.
   2) 1단계 만남, 2단계 동행, 3단계 헌신, 4단계 섬김으로 명명한다.
   3) 각 단계마다 핵심적인 행동 과정을 포함한다.
   4) GrowDIP은 "하나님과 동행하는 영향력 있는 제자"로 세워가고자 한다.

4. GrowDIP의 단계별 성장 목표와 커리큘럼 (15분)
   1) 각 단계별 성장 목표는 G, D, I가 균형 있게 성장하도록 구성되어 있다.
   2) GrowDIP 커리큘럼은 필수와 선택으로 구성되어 있다.
   3) 필수 커리큘럼은 반드시 시행해야 하며 선택 커리큘럼은 필요에 따라 사용한다.
   4) 각 단계마다 다양한 활동이 포함되어야 한다.
   5) GrowDIP은 캠퍼스에서만 아니라 평생 이루어 가는 과정이다.

5. GrowDIP의 영역별 성장 점검 (5분)
   1) DRF(Development Review Form)를 통해 점검 및 코칭을 해야 한다.
   2) CCC의 기본원칙 : 움직이는 사람들과 함께 움직이라(Move with the Movers).
   3) 필요에 따라 추가적인 보충 교육이나 훈련을 할 수 있다.

6. 토의 : 자기 평가 (9분)

1. CCC 리더십 훈련의 목표 학생용 9p

CCC 리더십 훈련의 목표는 "세상을 변화시킬 수 있는 성숙한 인격(Character)과 탁월한 실력(Competence)을 갖춘 성령 충만한 리더들을 육성함으로써 캠퍼스와 전 세계 모든 곳에서 영적 운동을 일으켜(Movements Everywhere) 주님의 지상명령을 성취하도록 돕는 것"이다.

2. CCC 리더십 훈련 패러다임의 3가지 영역과 목표 학생용 9p

1 CCC 리더십 훈련 패러다임은 주님의 지상명령 성취를 돕는 데 헌신하는 성숙한 인격과 탁월한 실력을 갖춘 리더들을 육성하고 파송하기 위해 세 가지 영역 즉, 영적 성장(Growth in God), 제자화(Discipleship), 세상을 향한 영향력(Influence in the world)에 초점을 맞추고 있다.

2 GrowDIP(Growth in God, Discipleship & Evangelism, Influence in the world Paradigm)은 이 패러다임의 3가지 영역의 머리글자를 따서 명명한 것이다.

3 이 세 영역은 유기적으로 연결되어 있으며, 각 영역의 목표는 CCC가 어떤 리더를 훈련하고 육성하려는지 알게 해준다.

4 G영역은 개인의 영적 성숙을, D영역은 제자화 사역을 위한 교육과 훈련 기술들을, I영역은 섬김을 통한 세상 속에서의 영향력을 목표로 하여 영성과 성품과 지성과 전문성을 갖춘 성숙한 리더를 육성하는 것이 GrowDIP의 목적이다.

CCC 사역의 목표는 전도, 육성, 파송을 통하여 영적 운동을 일으켜 지상명령 성취를 돕는 것이다. GrowDIP은 영적 운동을 일으키는 지도자를 개발하기 위해 구성되었다. 영적으로 하나님을 알고 경험하며 하나님과의 관계가 성장하는 사람은(G: 하나님 안에서의 성장) 잃어버린 영혼을 향한 하나님의 마음을 알게 되고 그들을 전도하고 육성하는 제자화 사역에 반드시 적극적으로 참여하게 된다(D: 제자화 사역). 또한 제자화 사역은 자신과 타인에 대한 올바른 이해를 토대로 사람들을 사랑하며 자신의 은사를 발견하고 개발시켜 그것으로 세상을 섬기는 영향력 있는 리더의 삶을 살아가게 된다(I: 영향력). 이 세 가지 요소들 간에 균형을 이루어 성장하는 사람이 바로 성숙한 인격과 탁월한 실력을 갖춘 지도자이며 그것이 바로 GrowDIP이 지향하는 목표이다.

성숙한 인격과 탁월한 실력을 갖춘 리더

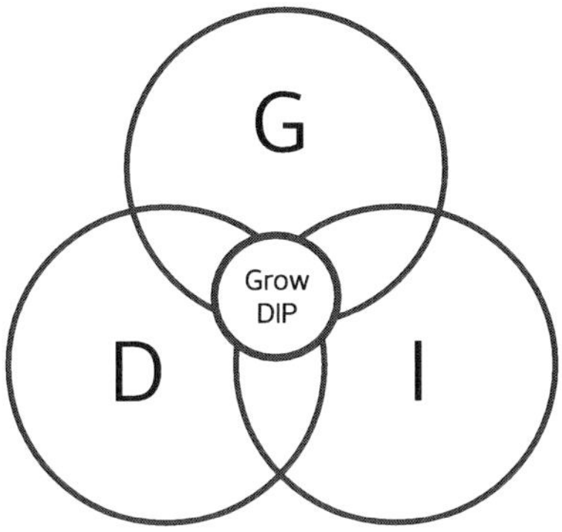

3가지 영역	영역의 목표
G 하나님 안에서의 성장 (Growth in God)	1. 하나님께 대한 신뢰와 순종 2. 하나님과 친밀한 동행 3. 영적 성장과 인격적 성숙
D 제자화 사역 (Discipleship & Evangelism)	1. 전도의 생활화 2. 평생 순장의 삶을 통한 지속적인 제자화 3. 지상명령 성취 비전의 발견과 헌신
I 세상에서의 영향력 (Influence in the world)	1. 자신과 타인에 대한 올바른 이해 2. 공동체 의식 함양을 통한 원만한 대인관계 3. 자신의 은사와 전문성을 통한 영향력 있는 섬김의 삶

3. CCC 리더십 훈련 패러다임 학생용 10p

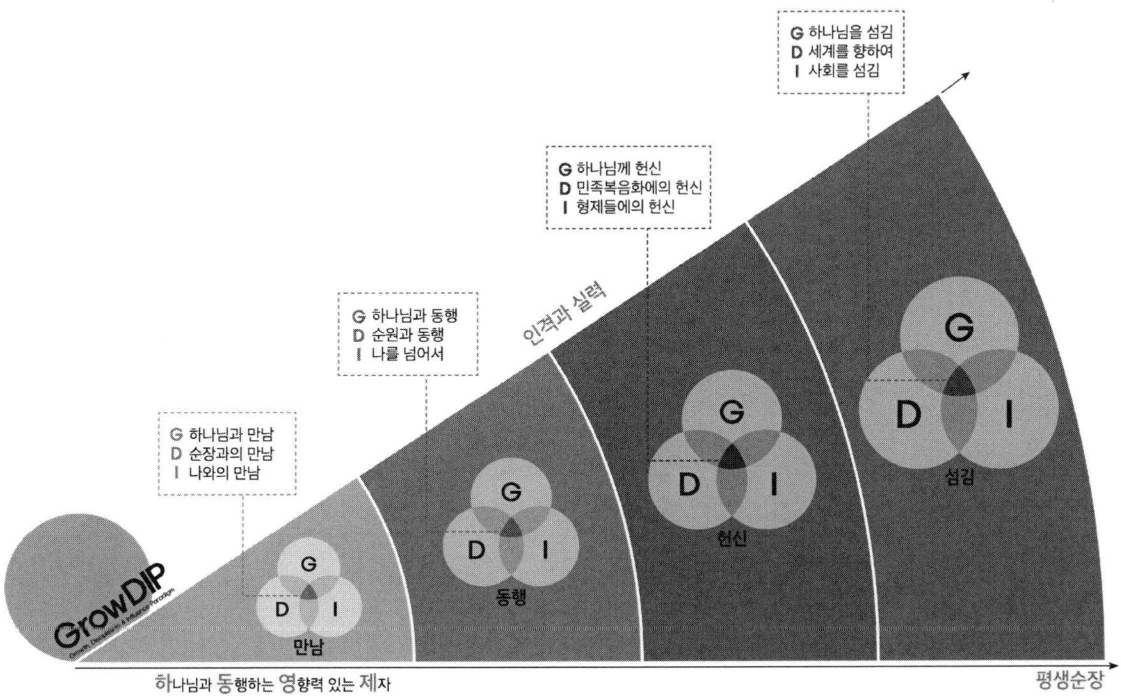

1 GrowDIP은 학생들의 성장 과정에 따라 G, D, I 세 영역이 4단계를 거쳐 균형 있고 점진적으로 성장하도록 구성되어 있다.

2 각 단계의 성장 목표와 과정에 따라 각 단계의 주제를 만남, 동행, 헌신, 섬김으로 명명했다.

각 단계는 개인의 성장 속도에 따라 진행하며 학년이나 기간 단위로 구분한 것이 아니다. 그러므로 캠퍼스나 지구 사정에 따라 유동적으로 운영할 수 있다.

3 각 단계마다 G, D, I 세 영역의 핵심적인 행동을 알 수 있다.

만남 단계는 '하나님과의 만남, 순장과의 만남, 나와의 만남'이다. '나와의 만남'은 자신을 이해하고 자신의 모습 그대로를 받아들이는 것이다.

동행 단계는 '하나님과의 동행, 순원과의 동행, 나를 넘어서'이다. 하나님과 지속적으로 동행하며 지속적으로 전도하여 순원을 육성하는 것이다. '나를 넘어서'는 다른 사람을 이해하고 용납하며 함께 성장해 가는 것이다.

헌신 단계는 '하나님께 헌신, 민족복음화에의 헌신, 형제들에의 헌신'이다.

섬김 단계는 '하나님을 섬김, 세계를 향하여, 사회를 섬김'이다.

4 GrowDIP의 이러한 과정을 통해 성숙한 인격과 탁월한 실력을 갖춘 성령 충만한 리더를 양육 함으로 "**하**나님과 **동**행하는 **영**향력 있는 **제**자"로 세워가고자 한다.

4. GrowDIP의 단계별 성장 목표와 커리큘럼

과정		만남	동행	헌신	섬김
주제			LTC 중급 새순모임교재(동행)	LTC 고급 새순모임교재(헌신)	Cru2 새순모임교재(섬김)
커리큘럼 및 교재	필수	LTC 초급, Follow-up(TC), 새순모임교재(만남), 순론노트			
	선택	G TBS, 백문일답 예수, 풍통큐, 기도학교 훈련, PBS, 신구약 개관, IBS(요한복음, 창세기, 로마서, 사도행전), 막달레나 DVD D CCC 역사와 철학, 선교교육, 캠퍼스이단, 영적 운동(m2M, Campus 복음화 전략, Seven Domains), 아가페 시리즈 I 개인SPP, 자아상, 대인관계, 이성교제, 즐기면서 A학점!, 기독교 세계관, 그리스도인의 직업과 윤리, 공동체 세우기, 섬기는 리더십			
목표		G 구원의 확신 성령 충만한 삶의 이해 D 전도 훈련 및 실천 기초 순모임 참여 I 성경적 자아상과 삶의 비전 확립 균형 있는 자기 관리	G 믿음의 영역 확장 '경건의 시간'의 생활화 D 순모임을 인도하기 시작 제자화 사역의 중요성 인식 I 이웃과 사랑의 관계를 맺어감 은사와 재능 발견	G 성경말씀에 대한 깊은 이해 지속적인 성령의 열매를 맺음 D 영적 운동의 개념과 전략을 이해 승법번식을 경험 I 성경적 세계관 확립 팀을 이끄는 리더십 성장 다문화 이해와 수용	G 실천하는 믿음 말씀을 가르치고 기도 운동을 일으킴 D 졸업 후 가정, 교회, 직장에서 영적 운동가가 되기 위한 준비 I 성경적 결혼과 가정의 이해와 준비 사회 연착륙을 위한 준비

1 각 단계별 성장 목표는 하나님과의 관계 속에서 개인의 영성(G), 제자로서의 삶과 사역(D), 세상 속에서 영향력(I)이 균형 있게 성장하도록 구성되어 있다.

2 GrowDIP의 커리큘럼 및 교재는 필수 커리큘럼과 선택 커리큘럼으로 구성되어 있다.

3 필수 커리큘럼은 반드시 익히고 훈련해야 할 영역과 내용들이므로 모두 시행해야 한다. 선택 커리큘럼은 필요에 따라 추가로 사용할 수 있다.

CCC 교육은 제한된 시간 속에서 이루어지기 때문에 필수와 선택으로 구분하였다. 필수과정을 통해 공동체의 동일한 철학을 유지할 수 있도록 하였고 선택과정을 통해 공동체의 다양한 필요를 채울 수 있도록 했다.

4 실제적이고 균형 있는 성장을 위해서 각 단계마다 다양한 활동들이 포함되어야 한다. 예를 들어 개인전도, 사회봉사, 정기채플/리트릿, 순모임 참여와 인도, 순장 훈련, 수련회,

성경 암송과 성경 읽기, 단기선교/A6/Stint 참여 등이 있다. 각 지역과 상황에 따라 이러한 활동들에 다양하게 참여할 수 있다.

CCC의 모든 모임이나 훈련은 균형 있는 성장을 돕도록 구성되었다. 그러므로 커리큘럼의 내용을 잘 배울 뿐 아니라 각 단계의 다양한 활동에 참여하여 배운 내용을 자기화해야 한다. 이런 활동들의 참여 여부를 성장의 평가 잣대로 삼을 수 있다.

캠퍼스 사역은 4년 이하의 제한된 기간 동안 훈련과 사역이 동시에 이루어진다. 대학 재학 기간에 캠퍼스 복음화라는 목표를 성취하기 위해 집중하다 보면 졸업 이후 세상을 변화시키는 영향력 있는 리더로 준비되는 것을 소홀히 할 수 있다. 캠퍼스에서 전도, 육성, 파송을 통해 영적인 3세대를 경험하고 캠퍼스 복음화를 성취하는 것은 중요하다. 그러나 이러한 캠퍼스 복음화를 위한 훈련과 사역은 졸업 이후 세상 속에서 영향력 있는 삶을 살 수 있도록 하는 준비와 분리되어서는 안 된다. 제한된 시간 속에서 캠퍼스 사역과 영향력 있는 크리스천 리더로서의 준비를 동시에 하는 것은 훈련을 하는 사람이나 훈련을 받는 사람 모두에게 쉽지 않은 믿음의 도전이다.

5 GrowDIP은 캠퍼스에서 완성되는 것이 아니라 졸업 이후에도 평생 동안 이루어 가는 과정이다(평생순장).

5. GrowDIP의 영역별 성장 점검 학생용 12p

1 **GrowDIP의 세 영역이 균형 있게 개발되어 전인격적인 리더로 성장하고 있는지 DRF(Development Review Form)를 통해 점검하며 코칭해야 한다.**

2 **CCC의 기본 원칙은 "움직이는 사람들과 함께 움직이라"(Move with the Movers)는 것이다.**

3 **그러나 세 영역 중 어떤 영역들에서 성장이 느리거나 균형을 잃은 경우, 추가적인 보충 교육이나 훈련을 받을 수 있다. 이런 경우 선택 커리큘럼을 활용해 그들을 "움직이는 사람들 그룹"에 속하도록 도와야 한다.**

대학생활 4년이라는 시간적 제한으로 인해서 성장이 느린 그리스도인들을 빨리 성장하도록 몰아 세워서는 안된다. 또한 성장이 느린 그리스도인들에게 지나치게 관심과 시간과 에너지를 쏟아서 정작 "움직이고 있는 사람들"에 대한 관심을 놓쳐 버리거나 그들의 성장에 지장을 주지 않도록 해야 한다. 이때 여과 과정을 활용해야 한다. 성장이 느린 그리스도인들은 대학을 졸업한 후에 CCC의 커뮤니티 사역으로 연결하여 계속 성장할 수 있도록 도울 수 있다.

6. 토의 : 자기 평가 학생용 12p

평가지를 통해 G, D, I 영역에 대한 자신의 성장 과정을 평가하고, 성장이 필요한 영역을 발견하여 개발하기 위한 계획을 세우는 시간이다.

D R F
(Development Review Form)

* 자신의 성장 정도를 1-5로 평가해보라.

GrowDIP	영역별 목표	1	2	3	4	5
하나님 안에서의 성장(G)	말씀과 기도 생활					
	신뢰와 순종					
	성령의 인도하심과 능력					
제자화 사역 (D)	전도의 생활화					
	지속적인 제자화					
	지상명령 성취 비전의 발견과 헌신					
세상에서의 영향력 (I)	자신의 은사와 적성을 발견함					
	원만한 대인관계					
	영향력 있는 삶(학과, 가정, 교회 등)					

* 한 학기 동안 성장이 가장 필요한 영역은 무엇인가?

* 그 영역을 개발하기 위해서 한 학기 동안에 해야 할 것은 무엇인가?(훈련 참여, 독서, 실천)

강의 3 학생용 교재 14p

목표있는 제자육성

개관 목적

제자 육성의 목표를 알고
그 목표를 이루기 위한 전략을 이해하고 실행하도록 동기부여 한다.

학습 목표

1. 제자 육성의 목표를 말할 수 있다.
2. 지상명령 성취를 위한 전략을 설명할 수 있다.
3. 가법번식 사역을 정의할 수 있다.
4. 승법번식 사역을 정의할 수 있다.

개요

서론 : 사례 연구 (8분)

1. 제자 육성의 목표 (13분)
   하나님의 말씀에 순종하여 모든 세대 안에 주님의 지상명령 성취를 돕는 일에 적극적으로 참여하는 그리스도인들의 운동을 일으키는 것이다.
   1) 제자 육성
   2) 하나님의 말씀에 순종
   3) 주님의 지상명령 성취를 돕는데 적극적으로 참여함
   4) 성령 충만
   5) 운동

2. 가법번식(Addition) (13분)
   1) 사례 연구 : 사도 바울의 가상적 이야기
   2) 가법번식의 정의 : 그리스도인이 영적으로 재생산하지 않는 것이다.

3. 승법번식(Multiplication) (13분)
   1) 바울의 예
   2) 승법번식의 정의 : 승법번식은 그리스도인이 다른 사람들을 전도하고 그들 가운데 충성된 사람들을 제자로 삼아 육성한 후 다시 파송함으로써 영적으로 재생산하는 것이다.
   3) 지상명령을 성취하기 위해 승법번식이 얼마나 효과적이라고 생각하는가?

4. 결론 (3분)

서론 : 사례 연구 학생용 교재 15P

어느 한 도시에서 도시 환경에 관심이 있는 몇 명의 사람들이 모임을 만들었다. 그들은 매주 만나서 도시의 환경개선 문제를 토론하는 중에, 시민들이 자연 속에서 쉴 수 있도록 공원을 조성하는 것이 가장 시급한 일이라는 데 의견 일치를 보았다. 그들은 공원 조성을 위한 캠페인을 시작하면서 기대감에 부풀어 있었고 실행을 위한 계획을 세우며, 조직도 만들어 의욕적인 활동을 벌여갔다.

그러나 몇 주 후 그들은 공원을 만드는 일이 처음 생각처럼 단순하지 않다는 것을 깨달았다. 관공서와의 대화와 시민들의 여론을 수렴하는 일 등 일련의 과정들이 무척 복잡했고 그 외에도 수없이 많은 난관들이 그들 앞에 도사리고 있었다. 시간은 계속 흘러갔고, 결과는 지지부진했다. 들떴던 마음이 가라앉고 모임은 시들해졌다. 지도자들은 모임의 활성화를 위해 흥미 위주의 프로그램들을 도입하기 시작했다. 얼마 안 가서 모임은 주간 친목회로 전락해 버리고 말았다.

이 모임의 사람들에게 무슨 일이 일어났는가?

① 그 모임은 가치 있는 목표로 시작했다(도시를 개선하는 일).

② 그들은 목표를 잃었다.

③ 그 모임은 수단이 목표가 되기 시작했다.

④ 그 모임 자체가 목표가 되고 말았다.

⑤ 그들은 그들의 목표를 성취하지 못할 것이다.

흔히 사람들은 좋은 목표를 가지고 활동을 시작한다. 그러나 나중에는 여러 가지 사정과 이유로 활동을 통해 이루려는 목표는 사라지고 활동자체가 목표가 되어 버리는 경우가 많다. 이와 같은 일이 제자 육성에도 일어날 수 있다. 오늘 우리가 "목표있는 제자 육성"에 대해 토론하려는 것은 우리의 순모임이 친목회로 전락하지 않고 지상명령 성취를 이루는 제자 육성이 되게 하기 위함이다.

1. 제자 육성의 목표 학생용 교재 15P

제자 육성의 목표는 하나님의 말씀에 순종 하여 모든 세대 안에 주님의 지상명령 성취를 돕는 일에 적극적으로 참여하는 그리스도인들의 운동 을 일으키는 것이다.

우리가 다른 사람들을 제자로 육성할 때 제자 육성의 목표가 무엇인지 분명히 알아야 한다. 제자를 육성하면서 목표가 분명하지 않으면 제자를 육성하는 활동 그 자체가 목표가 될 수 있기 때문이다.

제자 육성의 목표를 살펴보면서 구체적인 의미들을 파악해 보자.

1 제자 육성의 목표 : 하나님 의 말씀과 당신 자신의 삶에서 사랑과 능력과 믿음과 전도의 모범 을 보임으로써 다른 사람을 가르치는 것.

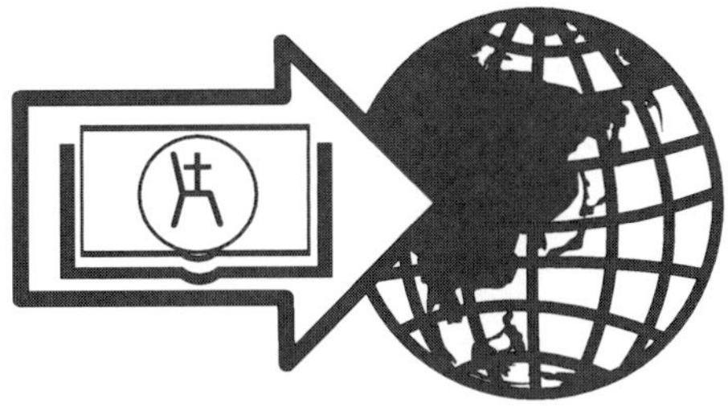

"너는 말씀을 전파하라 때를 얻든지 못 얻든지 항상 힘쓰라 범사에 오래 참음과 가르침으로 경책하며 경계하며 권하라"(딤후 4:2).

"우리가 이같이 너희를 사모하여 하나님의 복음뿐 아니라 우리의 목숨까지도 너희에게 주기를 기뻐함은 너희가 우리의 사랑하는 자 됨이라"(살전 2:8).

2 하나님의 말씀에 순종 : 매일매일 하나님과 다른 사람들 및 자신과의 관계에서 하나님 말씀의 명령과 원칙을 기꺼이 따르는 것.

"나의 계명을 지키는 자라야 나를 사랑하는 자니 나를 사랑하는 자는 내 아버지께 사랑을 받을 것이요 나도 그를 사랑하여 그에게 나를 나타내리라"(요 14:21).

"여호와여 주의 율례들의 도를 내게 가르치소서 내가 끝까지 지키리이다 나로 하여금 깨달게 하여 주소서 내가 주의 법을 준행하며 전심으로 지키리이다 나로 하여금 주의 계명들의 길로 행하게 하소서 내가 이를 즐거워함이니이다"(시 119:33~35).
하나님의 말씀에 순종하는 성령 충만한 그리스도인은 삶의 여러 영역에서 성장을 하게 된다.

3 주님의 지상명령 성취를 돕는 일에 적극적으로 참여함.

(1) 지상명령 성취

① 이 세상의 모든 사람 에게 한 사람도 빠짐없이 복음을 전하는 것.

"그러므로 너희는 가서 모든 민족을 제자로 삼아 아버지와 아들과 성령의 이름으로 세례를 베풀고 내가 너희에게 분부한 모든 것을 가르쳐 지키게 하라 볼지어다 내가 세상 끝날까지 너희와 항상 함께 있으리라 하시니라" (마 28:19~20).

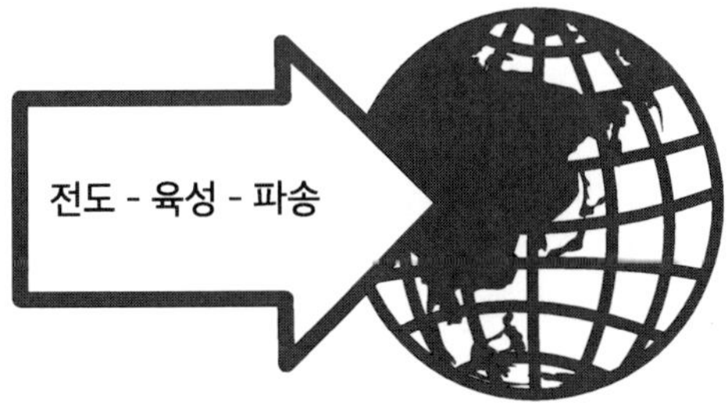

② 각 세대마다 모든 사람에게 복음을 확실히 듣게 하기 위하여 모든 족속(나라)에 충분한 수의 그리스도인을 제자로 삼는 것.
"두 해 동안 이같이 하니 아시아에 사는 자는 유대인이나 헬라인이나 다 주의 말씀을듣더라"(행 19:10).

(2) 도움 : 어느 한 개인이나 한 교회 또는 한 단체가 혼자서 할 수 없기 때문에 모든 사람, 모든 교회, 모든 단체나 기관들이 서로가 힘을 합치는 것.

"이제 지체는 많으나 몸은 하나라 눈이 손더러 내가 너를 쓸 데가 없다 하거나 또한 머리가 발더러 내가 너를 쓸 데가 없다 하지 못하리라"(고전 12:20~21)

복음을 전해야 할 범위와 대상이 많고 다양하기 때문에 지상명령을 돕기 위해 모든 그리스도인들이 함께 협력해야 한다.

(3) 적극적으로 참여함 : 자발적으로 선두에 나서며 자신의 모든 것을 우선적으로 투자함.

"그러므로 내 사랑하는 형제들아 견실하며 흔들리지 말고 항상 주의 일에 더욱 힘쓰 는 자들이 되라 이는 너희 수고가 주 안에서 헛되지 않은 줄 앎이라"(고전 15:58).
적극적으로 참여한다는 것은 복음화 운동이 계속 확산될 수 있도록 다른 사람을 전도하고 제자 삼아 파송하는 데 앞장서는 것이다. 즉 자신의 시간, 재물, 은사 등을 우선적으로 투자하는 것을 의미한다.

4 성령 충만 : 성령에 의하여 인도 되고 능력 입는 것.

"그러므로 너희가 그리스도 예수를 주로 받았으니 그 안에서 행하되"(골 2:6).

"술 취하지 말라 이는 방탕한 것이니 오직 성령으로 충만함을 받으라"(엡 5:18).

제자 육성에 참여하는 사람은 성령 충만을 받고, 매일 믿음으로 행함으로써 계속 성령 충만해야 한다. 성령 충만함의 한 가지 결과는 잃어버린 사람들에 대해 불쌍히 여기는 마음을 갖는 것이다. 예수님은 잃어버린 자들을 찾아 구원하러 오셨다. 그러므로 성령이 우리를 지배할 때 우리도 사람들이 예수 그리스도를 알도록 돕기를 원할 것이다.

5 운동 : 공동의 목표를 달성하기 위해 모인 사람들의 폭발적 증가

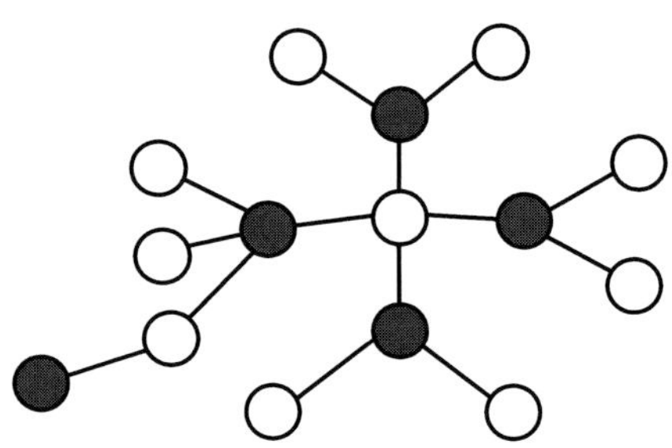

"또 네가 많은 증인 앞에서 내게 들은 바를 충성된 사람들에게 부탁하라 그들이 또 다른 사람들을 가르칠 수 있으리라"(딤후 2:2).

여러분은 진심으로 지상명령이 성취되리라고

믿는가? 하나님께서 성취 못할 명령을 우리에게 주셨다고 생각하지는 않는가? 우리가 하나님을 영화롭게 하려는 마음을 가졌다면 각자가 이 질문에 대해 분명한 대답을 해야 한다.

세상에 얼마나 많은 사람이 살고 있는가 생각해 보자. 최근 통계에 의하면 현재 전 세계 인구는 약 72억이라고 한다(2014년 통계). 이 통계를 기초로 하여 사람의 키를 평균 170cm로 할 때 사람 위에 사람을 세우면, 화성까지 이르는 인간 기둥을 만들 수 있을 것이다. 인류 역사에서 지금까지 살았던 모든 사람들의 절반 이상이 오늘날 살고 있다. 인구는 계속 급진적으로 증가하고 있다. 이렇게 계속 증가하는 세상 사람들에게 어떻게 다 전도할 수 있을까?

제자 육성을 위해 육성의 목표를 달성하고, 우리 세대 안에서 지상명령 성취를 돕기 위해 알아야 할 사역 전략에 대해 살펴보자.

2. 가법번식(Addition) 학생용 교재 17P

1 사례 연구 : 사도 바울의 가상적 이야기

우리가 토론할 첫 번째 사역 전략은 가법번식이다. 여러분의 교재에 있는 사례연구, 사도 바울의 가상적 이야기를 읽고 질문 (1)과 (2)를 답해 보라.

사도행전 9장에서 바울은 그리스도인들을 박해하기 위해 살기등등한 모습으로 다메섹을 가다가 극적으로 예수 그리스도를 만나 구원 받았다. 그 이후 바울이 다음과 같은 삶을 살았다고 가정해 보자.
당시 예루살렘 교회의 그리스도인들은 기독교 박해자였던 바울을 두려워했지만 우여곡절 끝에 그를 교회의 일원으로 받아들였다. 그는 모범적인 신앙생활을 하면서 교회 성도들의 격려와 보살핌 속에 성장했다. 신실한 신앙을 가진 바울은 그의 생업인 천막 만드는 사업체를 충실히 운영하면서, 믿음의 친구들과 30년 동안 예루살렘에서 행복하게 살았다. 빠짐없이 예배에 참석했고 성경 공부에도 성실히 임했다. 말년에 그는 성경을 가르치는 교사로 봉사하면서 예루살렘 교회의 존경 받는 지도자가 되었다. 65세가 되었을 때, 그는 성도들의 기도 중에 눈을 감았고 예루살렘 근교에 묻혔다.

이것이 실제 바울의 삶이었고, 하나님께서 바울을 대신할 다른 누군가를 세우지 않았다고 가정하면서 아래의 두 가지 질문에 답해 보라.
(1) 만일 바울이 실제로 이렇게 살았다면 당시 세상에는 어떤 결과가 나타났겠는가?

① 바울은 세 차례의 선교 여행을 하지 않았으므로 많은 사람을 만나지 못했고, 그로 인해 많은 사람들이 예수님에 대해 듣지 못했을 것이다(그리스도인의 숫자도 기하급수적으로 증가하지 않았을 것이다.).

② 사도행전 9-28장은 기록되지 않았을 것이다.

③ 바울 서신이 기록되지 않았을 것이다.

⑤ 대부분의 신약교회가 세워지지 않았을 것이다.

⑥ 기독교는 이방인을 배제하였을 것이다.

⑦ 오늘날 우리 대부분은 비그리스도인일 것이다.

(2) 만일 바울이 실제로 그렇게 살았고 하나님께서 그를 대신할 다른 사람을 세우지 않았다면, 주님의 지상명령은 어떻게 되었을까? 성취되었다면 어떻게 성취될 수 있었는지 또는 성취되지 못했다면 왜 성취되지 못했을 것인지 이유를 설명하라.

하나님께서 바울을 대신할 다른 사람을 세우지 않으셨다고 가정하면 지상명령은 성취되지 않았을 것이다. 왜냐하면 바울이 세상에서 그리스도를 위해 전도만 했고 제자 삼기(육성, 파송)에 참여하지 않았기 때문이다.

키포인트

만약 바울이 예루살렘 교회에 정착해 평생 동안 성경 교사로 살았다면 주님의 지상명령은 유대 지역에 머물렀을 것이다. 그러나 바울은 안디옥 교회의 선교사로 파송 받아 아시아와 유럽을 다니며 복음을 전했다. 그로 인해 주님의 지상명령은 전 세계를 향한 첫 걸음을 내디딜 수 있게 되었다.

2 가법번식의 정의 : 가법번식은 그리스도인이 영적으로 재생산 하지 않는 것이다.

가법번식은 그리스도인이 다른 사람을 그리스도께 인도하지만 전도한 사람들의 믿음이 성장하도록 돕지 않는다. 그들이 다른 사람들을 양육할 수 있도록 준비시켜 주지 않고 파송하지도 않는 것을 말한다.

이것을 두 가지 사례를 통해 살펴보자.

(다음 두 가지 사례나 당신 자신이 체험한 예를 말해주라.)

사례 1 : 영은이는 전도하기를 좋아합니다. 그녀가 인도한 많은 사람이 그리스도를 믿게 되는 것을 보지만 그들을 육성하고 도와줄 시간을 내지 않습니다.

이것은 가법번식 사역이다. 영은이는 전도만 했고 그녀가 그리스도께 인도한 사람들을 육성하고 파송하는 일은 전혀 하지 않았다. 그 결과 전도 받은 사람들은 어떻게 영적으로 성장할 수 있는지를 모르는 그리스도인들이 되었다.

사례 2 : 병수는 성경말씀을 잘 가르치는 선생으로, 가끔은 그의 믿음을 전하기도 합니다. 그는 토요일 저녁 성경공부를 인도하는데 인기가 있어서 20명으로 늘었습니다. 성경공부에 참여하는 사람들은 병수를 존경하며 그가 가르치는 것을 중단치 않기를 바라고 있습니다.

이것도 가법번식 사역이다. 병수는 가끔 전도도 하고 그 사람들을 말씀으로 육성도 했지만 그들이 다른 사람들에게 전도하고 육성하도록 파송하지는 않았다. 이 모임이 다른 사람들을 전도하여 지도자로 세우는 제자육성을 하지 않는다면 침체되어 버릴 것입니다. 만일 그런 일이 실제로 일어난다면 병수는 다른 지도자를 세우지 않았기 때문에 그 모임은 해산 되고 말 것이다.

지상명령을 성취하는 것이 가법번식으로 충분하다고 생각하는가?

만일 여러분이 온 세상을 다니며 하루에 100명을 넘어 1,000명을 전도한다면 세상을 다 전도하기까지 얼마나 걸릴 것이라고 생각하는가?
(훈련생들에게 대답하게 하라.)
그것은 11,000년 이상이 걸릴 것이다. 이 숫자는 인구 증가를 감안하지 않은 것이다. 여기에 인구 증가를 포함하면 훨씬 더 오래 걸릴 것이다.

3. 승법번식(Multiplication) 학생용 교재 19P

1 바울의 예

바울의 실제 사역과 사례 연구에 나오는 바울의 가상 사역은 어떻게 다른가?

바울은 항상 전도하고, 양육하고, 제자를 파송함으로써 지상명령 성취에 크게 기여했다.

바울의 사역을 살펴보자.

(1) 그는 바나바로부터 영향을 받았다(행 11:22, 25~26, 29~30).
(훈련생에게 행 11:22, 25~26, 29~30을 읽게 하라.)
바나바가 바울과 함께 안디옥 교회에서 가르쳤다. 사도행전 13장을 보면, 성령께서 두 사람을 함께 전도여행 하도록 세우셨다. 처음에는 바나바가 지도자였지만 전도여행 중 바울에게 지도력이 이양된 것을 볼 수 있다.

(2) 그는 많은 사람을 그리스도께 _인도했다_ (행 14:1; 17:2~4, 17).

(행 17:2~3, 17을 읽으라.)

사도행전에는 바울이 사람들을 그리스도께로 인도하는 여러 성경 구절이 있다(행 18:5~11; 19:8~10).

(3) 그는 몇몇 사람을 _제자로 삼았다_ (행 15:40; 16:1~3).

(훈련생에게 행 15:40; 16:1~3을 읽게 하라.)

이 구절들은 바울이 실라와 디모데를 제자 삼는 것을 설명하고 있다.

(훈련생들에게 바울이 제자삼은 모든 사람들에 대해 조사해 보도록 제안하라)

(4) 그는 제자로 하여금 다른 사람을 전도하고 제자 삼고 _파송_ 하라고 했다(딤후 2:2).

(훈련생에게 딤후 2:2을 읽게 하라.)

다음 그림은 바울이 시작한 승법번식 과정을 보여 준다.

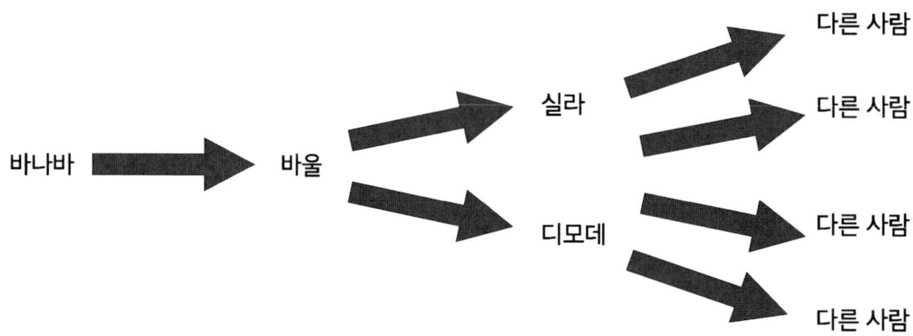

2 승법번식의 정의 : 승법번식은 그리스도인이 다른 사람들을 전도하고 그들 가운데 충성된 사람들을 제자로 삼아 육성한 후 다시 파송함으로써 영적으로 _재생산_ 하는 것을 말한다.

승법번식 사역에 참여하는 제자는 지도자를 육성하는 사람이다. 제자들은 스스로의 순모임을 인도하기 전까지는 제자들을 승법번식하는 제자들로 육성한 것이 아니다. 이것은 한 사람의 자녀들이 그들의 자녀를 갖기 전까지는 할아버지가 될 수 없는 것과 같은 이치이다.

(당신이나 어떤 사람이 전도하고 제자삼고, 파송함으로써 승법번식이 일어난 것을 체험한 예를 말해주라.)

승법번식의 개념을 더 잘 이해할 수 있도록 승법번식이 이루어지는 과정에 대한 사례를 살펴보자.

CCC 간사인 엘머 레이펀이 그리스도인 사업가 모임에 참석하여 한 청년 사업가를 만났다. 레이펀은 그 청년에게 주말 리트릿에 참여하도록 권유하였다. 리트릿에서 그 청년은 도전을 받았고 레이펀의 제안으로 LTC에 참여하게 되었다.
LTC 훈련을 받는 동안 그들은 대학교에서 복음을 전하는 시간을 가졌다. 사람들이 그리스도를 영접하는 것을 본 그 청년은 평생토록 다른 사람들에게 복음을 전하겠다고 마음먹었다. 그 후 그는 CCC 간사가 되었고, 그의 비범한 재능인 마술은 복음을 전하는데 크게 쓰임 받게 되었다.
그는 수만 명에게 복음을 전했고, 그 중에 수천 명은 전도와 제자 육성에 참여하게 되었다. 그가 바로 세계적으로 유명한 마술사 '앙드레 콜'이다.
레이펀이 앙드레 콜을 믿음 안에서 성숙시키고 다른 사람에게 복음을 나누는 법을 가르쳤기 때문에 앙드레 콜은 수많은 사람들을 영적 재생산을 할 수 있었던 것이다.

3 지상명령을 성취하기 위해 승법번식이 얼마나 효과적이라고 생각하는가?

(1) 승법번식 도표
여러분이 지금 현재 세 사람을 제자로 육성하기 시작하면…
(시각자료를 보이라.)

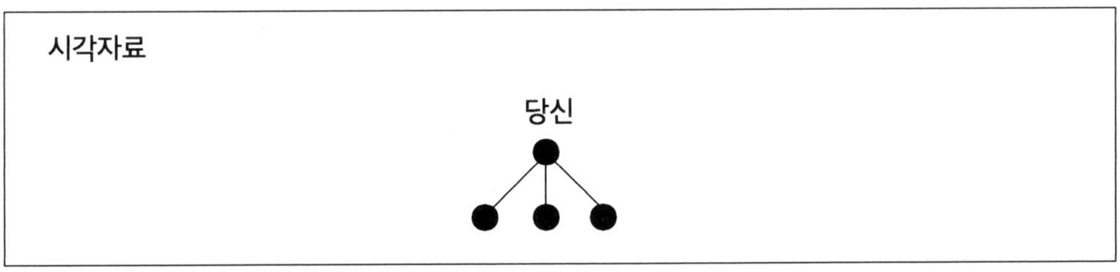

일 년 후에 그들 역시 세 사람을 제자로 육성하고…
(시각자료를 보이라.)

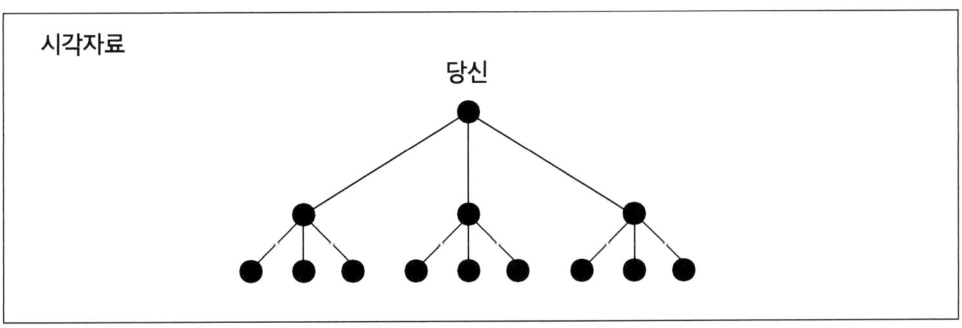

다시 일 년 후에 29명이 각각 세 명씩 제자훈련을 하고 그렇게 연속해 나간다.
한 사람이 일 년에 3명씩 승법번식하고, 그 제자들도 매년 3명씩 승법번식을 지속한다면, 72억의 인구 모두가 승법번식하는 제자가 되는데 단지 17년 밖에 걸리지 않는다.
(내년에는 4명의 승법 번식가가,
후년에는 16명[4×3+4],
그 다음 해에는 64명[16×3+16],
그 다음 해에는 256명[64×3+64]…
이런 식으로 확산되어 16년 후에는 40억의 인구에게,
17년 후에는 160억의[40억×3+40억] 인구가 승법번식 된다.)

(시각자료를 보이라.)

시각자료

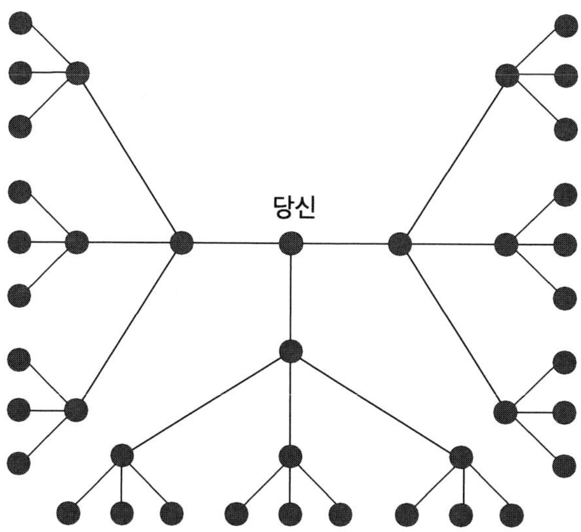

(2) 승법번식을 적용하면 약 72억의 인구를 전도하는데 <u>17</u> 년이면 충분하다.

4. 결론   학생용 교재 21p

1 제자 육성의 목표는 하나님 말씀에 순종하여 지상명령 성취를 돕는데 적극적으로 참여하는 성령 충만한 그리스도인들의 __운동__을 일으키는 것이다.

2 지상명령 성취를 돕기 위해서 우리는 전도와 함께 제자를 육성해야 한다. 지상명령 성취를 도우려는 우리의 목표는 __승법번식__을 통해서만 이루어질 수 있다.
지금까지의 핵심은 어떤 사역이 더 큰 효과를 가져올 수 있느냐가 아니다. 우리의 문제는 어느 사역이 최대한의 효과를 가져오느냐 하는 것이다. 여러분이 현재 가법번식 사역에 참여하고 있다면 매우 좋은 일이다. 그것을 계속하라. 왜냐하면 수많은 그리스도인들이 아무 사역에도 참여하지 않고 있는 실정이기 때문이다.

하나님께서 우리의 생애를 통해 승법번식 사역을 이루어 가시도록 함께 기도합시다.
(기도로 마치라.)

강의 4 학생용 교재 22p

순과 순모임

개관 목적

순모임을 개관함으로써 순장으로서
순모임을 시작할 수 있도록 동기 부여한다.

학습 목표

1. 순모임의 정의와 유래를 설명할 수 있다.
2. 순모임의 목표를 이해하고 설명할 수 있다.
3. 순모임의 요소들을 말할 수 있다.
4. 좋은 질문들을 사용하여 순모임을 인도할 수 있다.

개요

서론 : "순"의 유래 (5분)

1. 순모임의 정의와 성경의 예 (2분)
   1) 순모임의 정의 : 순장이 순원들을 예수님의 제자로 육성하여 자상명령 성취를 돕는 모임이다.
   2) 성경에 나타난 순모임의 예 : 예수님과 12명의 제자들, 바울과 디모데와 다른 제자들

2. 순모임의 목표 (18분)
   1) 성경공부를 통해 하나님을 알고 그분의 뜻과 능력을 배워간다.
   2) 사랑의 공동체 경험
   3) 스스로 학습
   4) 지속적인 삶의 변화
   5) 세상을 변화시킴

3. 순모임을 하지 못하는 이유 (3분)
   1) 이해 부족
   2) 지식과 경험 부족
   3) 믿음 부족
   4) 시간 부족

4. 순모임을 위한 준비 (6분)
   1) 교재 준비
   2) 교재의 개요, 가교 질문들을 미리 살펴보라.
   3) 시간 : 45분 정도가 적당하다.
   4) 장소 : 집중할 수 있는 한적한 곳을 선택하라.
   5) 순원 : 어떤 사람이든 주위의 가까운 사람들을 전도를 통해 순원으로 만들라.
   6) 기도 : 순모임의 목표와 순원들의 성장과 필요를 위해 기도하라.

5. 순모임의 시작 (3분)
   1) 기도로 시작하라.
   2) 쉽게 시작하라.
   3) 짧게 시작하라.
   4) 가까운 사람과 시작하라.
   5) 누구라도 시작하라.

6. 순모임의 진행 (13분)
   1) 나눔 : 삶을 나누라.
   2) 기도
   3) 순모임 교재를 사용한 성경공부
   4) 요약하기

이 강의에서는 '순모임'이 어떻게 시작되었는지, 무엇을 위해 존재하는지, 어떤 요소들이 있는지, 어떻게 하면 순모임을 잘 이끌어갈 수 있는지를 살펴볼 것이다.

1 제자를 육성하는 이유는 영적 승법번식을 통해 지상명령 성취를 돕기 위한 것이다. 그렇다면 재생산하는 사람들을 세우는 영적 승법번식의 핵심적인 방법은 무엇일까? 예수님은 대중들을 전도하시면서 12명의 제자를 선택하셨다. 바울은 디모데와 실라를 세웠고, 디모데는 다른 사람을 재생산하는 충성된 사람들을 세워 나갔다. 우리의 모범이 되는 예수님의 사역이나 바울의 사역에서 재생산(영적 승법번식)을 위한 전략적 방법은 바로 소그룹이었다. 이 소그룹을 CCC에서는 '순모임'이라고 부른다.

제자를 육성할 때 소그룹의 유익은 인도자가 각 개인의 필요와 재능들을 잘 살필 수 있는 것이다. 또한 동시에 서로가 위로, 격려, 도전 등을 받을 수 있으므로 서로의 성장에 도움이 된다.

2 '순'이라는 말은 구약성경 이사야 53:2에서 '오실 메시아' 즉, 예수 그리스도를 가리키는 말로 사용되었다. "그는 주 앞에서 자라나기를 연한 순 같고 마른 땅에서 나온 뿌리 같아서 고운 모양도 없고 풍채도 없은즉 우리가 보기에 흠모할 만한 아름다운 것이 없도다."

3 CCC에서 '순'이라는 말은 한국CCC 창설자인 고(故)김준곤 목사가 1968년, 민족 복음화 운동의 원리와 전략을 담은 『순론(筍論)』을 발표하면서 사용하게 되었다.

한국은 전통적으로 일을 마친 마을 사람들이 저녁에 사랑방에 함께 모여 사람을 나누었다. 그래서 사랑방은 그 마을의 문화센터, 교육센터, 생활센터가 되었다. 김준곤 목사님은 사랑방에서 삶을 나누었던 사람들처럼 많은 시간을 제자들과 함께 하며 삶을 통해 성경과 신앙을 가르쳤다. 그 제자들도 그와 같은 모임을 이끌었는데 이 모임에 참여한 사람들은 평생 잊을 수 없는 아름다운 경험이라고 고백하며 서로를 그리워했다. 이와 같이 순박하면서도 강인하여 어디나 뻗어나갈 수 있는 생명력 있는 모임을 '순'이라고 불렀다. 김준곤 목사님은 이와 같은 생명력 있는 모임을 이끌어 갈 핵심 인물(순장)들을 전국 59,000개의 마을에 보내어 그 마을의 사랑방에서 순모임을 통한 제자화 운동을 일으켜 민족 전체를 복음화하려는 전략을 세우고 실행하였다.

1. 순모임의 정의와 성경의 예　　학생용 교재 23p

■1 순모임의 정의

순모임이란 __순장__ 이 __순원들__ (비신자 또는 새신자들)과 함께 시간을 보내면서 하나님의 말씀과 기도와 사랑의 모범을 통해 인격적으로 성숙하고 영적으로 헌신된 예수 그리스도의 제자가 되도록 육성하여 그들이 또 다른 사람들을 전도하고 육성하게 함으로 __지상명령 성취__ 를 돕는 생생하고 역동적인 모임이다(사 11:1).

■2 성경에 나타난 순모임의 예

(1) 순의 원형 : 예수님과 12명의 제자들(막 3:13~15)

예수님께서는 자신을 따르는 많은 사람들 가운데 열두 명을 선택하여 항상 함께 다니시면서 훈련하여 파송하셨는데 이것이 순의 원형이다.

"또 산에 오르사 자기가 원하는 자들을 부르시니 나아온지라 이에 열둘을 세우셨으니 이는 자기와 함께 있게 하시고 또 보내사 전도도 하며 귀신을 내쫓는 권능도 가지게 하려 하심이러라"(막 3:13~15)

(2) 바울과 디모데와 다른 제자들(딤후 2:2)

바울은 바나바로부터 육성을 받아 디모데와 다른 제자들을 전도하고 육성하였다. 그는 또한 디모데에게 충성된 사람들을 가르쳐서 그들이 또 다른 사람들을 육성하게 하라고 부탁하였다(딤후 2:2).

바나바는 안디옥 교회에서 바울과 함께 1년간 많은 사람들을 가르쳤다(행 11:25~26). 또한 에베소의 두란노 서원에서 날마다 하나님 나라에 대해 가르쳤다(행 19:9~10).

브리스길라와 아굴라는 요한의 세례밖에 모르던 아볼로를 데려다가 성령세례에 대해 가르쳐 파송함으로 믿는 사람들에게 많은 유익을 주었다(행 18:24~27).

2. 순모임의 목표　　학생용 교재 24p

■1 하나님 말씀과 성령의 능력, 순장의 모범과 인도를 통해 순원들이 성장하여 __사랑__ 과 __능력__ 으로 다른 사람들에게 복음을 전하고, 영적 승법번식을 하여 지상명령 성취를

돕는 충분한 수의 헌신된 __제자__를 육성하는 것이다.

순모임의 목표는 서로 사랑하며 사람들을 전도하고 육성하여 그들이 또 다른 사람들을 전도하고 육성하도록 파송함으로 지상명령 성취를 돕는 것이다. 이 목표를 달성하기 위해 순모임은 아래와 같은 세부 목표들을 갖는다.

순모임은 기본적으로 성경을 배우는 모임이다. 이를 통해 순원들이 아래의 내용을 알게 된다.

(1) 성경을 통해 __하나님__을 알아간다(호 6:6).

(2) 하나님의 __뜻__을 알아간다.

(3) 삶을 변화시키는 하나님의 __능력__을 배워간다(단 11:32).

순모임에서 가장 중요한 것은 성경공부를 통해 하나님을 알아가는 것이다. 하나님께서는 자신이 어떤 분이신지 우리가 알기를 원하신다(호 6:6; 시 46:10).

하나님을 아는 사람은 자신을 알게 되고 다른 사람과 세상을 이해할 수 있게 된다. 또한 하나님을 잘 알게 될 때 하나님의 뜻을 분별하게 되며 그 능력을 힘입어 하나님께서 원하시는 일들을 기꺼이 수행할 수 있게 된다.

그 결과 하나님을 아는 사람은 주변에 영향력을 끼치며 살게 된다(단 11:32, 대하 26:5).

2 사랑의 공동체 경험 - 순모임을 통해 그리스도인의 표지와도 같은 공동체의 사랑을 회복한다.

사랑할 때 기쁨 가운데 성장과 변화가 일어나게 된다. 이를 위해 순장은 순에서 다음과 같은 일들이 일어나도록 기도해야 한다.

(1) 서로 사랑하여 __하나__가 된다(요 13:34~35).

순모임에서 서로 사랑할 때에 우리가 하나가 되고 하나가 될 때에 비로소 세상은 우리 속에서 예수님을 보게 될 것이다(요 13:34, 35).

(2) 서로의 행복과 성장에 __헌신__한다.

순모임 속에서 순장과 순원은 도전과 격려와 위로를 받게 된다.

한국 CCC는 3중 헌신을 요구한다. 이는 주님께의 헌신, 민족의 입체적 구원에의 헌신, 형제들에의 헌신이다. 형제들의 행복과 성장에 헌신할 때에 사랑의 공동체가 되고 서로의 부족한 것들을 채움 받게 된다.

(3) 공동체의 __주인의식__을 가진다(벧전 4:8).

이 땅에서는 어디에도 완벽한 사람도, 완벽한 단체나 그룹은 존재하지 않는다. 그렇기 때문에 죄를 대신 지고 부족한 것을 채우려는 마음으로 살아가는 것은 언제나 필요하다. 사랑은 허다한 허물을 덮는다(벧전 4:8). 사랑하게 되면 어떤 사람이나 그룹의 허물을 내가 대신 지려는 자세를 갖게 된다. 그래서 그 문제를 해결해 달라고 기도하며, 문제해결을 위해 행동하게 되는 것이다.

3 스스로 학습(시 119:18) - 순모임에서 순장의 역할은 순원들이 참여하도록 돕는 것이다.

(1) 순장은 진리를 발견하도록 __자극__을 주어 모임을 이끈다.

학습자가 궁금증을 가지고 있어서 스스로 배우기를 원할 때 학습은 가장 활발하게 일어난다. 순장은 질문이나 문제 제기를 할 뿐 아니라, 또한 결론을 향해 가도록 토의를 촉진하는 역할을 해야 한다.

(2) 순장은 순원들이 생각을 충분히 나눌 수 있도록 __토론__을 생생하게 인도한다.

생생한 토론을 위해서는 모임을 이끌어가는 기술들이 필요하며, 좋은 질문을 하는 방법을 알아야 한다. 좋은 질문은 뒤에서 다룰 것이다.

(3) 모두가 참여하고 __기여__하게 한다.

질문을 하고 대답을 하는 과정에서 순원들이 자신들의 생각과 삶을 나누게 하여 모두 참여하고 순모임이 생생하고 활력 있게 하는데 기여하도록 이끌라.

4 지속적인 삶의 변화 - 순모임은 지식을 얻기 위한 것이 아니라 하나님의 말씀을 평생 배우고 삶에 적용시키기 위한 것이다.

(1) 순모임의 궁극적인 목표는 배운 것을 __적용__하는 것이다(마 13:23).

순모임을 통해 삶의 변화를 일으키기 위해서는 배운 것을 적용해야 한다. 예수님께서는 배운데로 삶에 적용하여 실행하는 사람을 좋은 밭(마 13:23)에 비유하셨다. 이 사람은 많은 열매를 맺게 될 것이다.

(2) 변화를 서로 __격려__한다(히 10:24).

이 세상은 그리스도인이 혼자서 생존하기 어려운 장소이다. 그러므로 함께 모여서 서로의 믿음을 확인하고 세워주는 것이 필요하다. 우리가 순모임을 통해 사랑과 선행을 격려할 때(히 10:24), 비로소 세상 안에서 우리의 위치(빛과 소금)를 확인하고 세상을 변화시킬 수 있는 힘을 갖게 된다.

(3) 순장은 성장과 변화의 __모범__이 된다(빌 3:17). - 순모임은 순장과 순원이 함께 전인적으로 성장해가는 경험의 장이다.

순장도 완벽한 사람이 아니고 끊임없는 성장과 변화가 필요한 사람이다. 부족하고 무능한 영역들이 있어도 그것을 극복하기 위해 기도하며 하나님으로부터 오는 능력으로 살아가는 모습을 보이는 것이 중요하다. 순장은 자신을 포기하지 않는 사람이다. 왜냐하면 하나님이 나를 포기하지 않으셨기 때문이다. 그와 같은 어려움들을 넘어갔을 때 사도 바울처럼 나를 본받으라고 말할 수 있다. 넘어진 자리에서 한 번 더 일어나는 것이 성장이고 변화이며 순장에게 가장 중요한 자질 가운데 하나이다.

5 세상을 변화시킴(요일 5:4)

예수님께서는 순모임을 통해 온 세상에 복음이 증거되기를 기대하셨다. 우리도 순모임을 통해 복음으로 세상을 변화시켜 가도록 이끌어가야 한다. 세상은 변화할 능력을 그 안에 가지고 있지 않다. 진정으로 세상을 변화시킬 수 있는 길은 오직 예수 그리스도의 복음뿐이다.

(1) 전도와 제자화가 __핵심적인 방법__이다(행 1:8).

예수님께서는 세상을 변화시키기 위해 전도와 제자화의 삶을 살아갈 것을 여러 번 강조하셨다. 승천하실 때에도 모든 민족을 제자로 삼으라고 하셨다(마 28:18~20).

(2) 세상의 여러 영역을 __말씀__으로 변화시킨다.

김준곤목사님이 CCC 순모임을 통해 하기 원했던 일은 말씀을 통해 전인 구원과 함께 민족복음화를 이루는 것이었다. 이는 개인의 구원에 머무르지 않고 민족 의식과 예수 의식이 동일한 나라, 말씀이 국정 운영의 기준이 되는 나라, 예수를 믿는 신앙이 신용으로 통해 전 세계 어디를 가든 'Made in Korea'라는 표시가 신용의 표시로 인정을 받게 되는 그런 나라를 꿈꾸셨던 것이다.(참고 : 민족복음화의 꿈, 엑스플로'74 설교)

(3) 사랑의 수고와 섬김으로 주는 자가 된다(행 20:35하).

세상의 모든 죄는 욕심에서 시작되었다. 아담과 하와가 욕심으로 인하여 죄를 지었다. 성경은 "욕심이 잉태한 즉 죄를 낳고 죄가 장성한즉 사망을 낳느니라"(약 1:15)고 했다. 세상은 이런 욕심이 끝도 없이 자가분열하는 곳이 되고 말았다. 이런 세상에서 "갖는" 것이 아니라 "주는" 사람들이 필요하다. 순모임은 세상의 가치관과 다르게 욕심에서 벗어나 자신을 주는 사람들을 잉태하고 키우는 산실이다. 순을 통해 기도를 주고, 사랑을 주는 삶을 살 때 세상은 변화 될 것이다(행 20:35하).

순이 무엇이며 그 목표는 무엇인지를 살펴보았다. 이제는 순모임을 하지 못하는 이유에 대해 살펴보자.

3. 순모임을 하지 못하는 이유 학생용 교재 25p

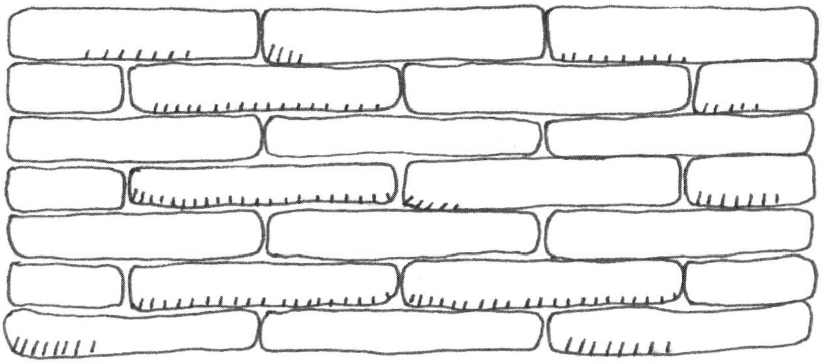

1 <u>이해</u> **부족 : 꼭 이걸 해야만 하나?**

순모임의 중요성과 의미를 올바로 이해하지 못해 순모임을 하지 못한다.

2 <u>지식과 경험</u> **부족 : 어떻게 하지?**

순모임 하는 방법을 잘 알지 못하기 때문이다.

3 <u>믿음</u> **부족 : 내가 할 수 있을까?** (고전 2:3~5, 눅 6:12~13)

고린도에 도착한 바울은 그곳에서 전도하고 순모임을 시작하려 할 때 두려워서 심하게 떨었다고 말한다. 그러나 그는 하나님의 힘을 의지하여 복음을 전함으로 그곳에 교회가 생기게 되었다.

4 <u>시간</u> **부족 : 나는 바빠서...** (마 28:18~20)

예수님은 제자들에게 지상명령 성취를 가장 중요한 임무로 맡기셨다. 순모임은 지상명령을 이루는 중요한 방법이다. 하나님을 사랑한다면 하나님의 뜻을 성취하기 위해 살아가기를 원하게 되고 순모임을 하는 것이 하나님의 뜻에 순종하는 것임을 깨닫게 된다. 이 세상은 영원하지 않고 나는 모든 것을 다 할 수 없기 때문에 우선순위를 정해 소중한 일을 먼저 해야 후회 없는 삶을 살게 된다.

이제는 순모임을 하기 위해 실제적으로 어떤 준비를 해야 하는지 살펴보자.

1 교재 준비

단계	기초 순모임			제자화 순모임		
과정	만남			동행	헌신	섬김
교재	새생활의 시작	백문일답 예수	예수님과의 만남	예수님과의 동행	예수님께 헌신	예수님을 섬김

2 교재의 개요, 가교, 질문들을 미리 살펴보라.

순모임을 진행하기 위한 시나리오가 필요하다.

(1) 개요란 잘 정리된 __목차__를 말한다.

개요는 순모임의 청사진과 같다. 순장이 순모임에 대한 청사진을 갖고 있을 때 주제에서 벗어나지 않고 모임을 인도해갈 수 있다.

(2) 가교는 질문과 질문 사이를 이어주고 단원과 단원 사이를 __연결__해 주는 말들이다.

강에 다리가 없다면 매우 불편할 것이다. 가교는 강의 양쪽을 연결해 주는 다리와 같은 역할을 한다. 순모임을 할 때에 가교를 사용하면 앞의 내용과 뒤의 내용을 잘 연결해주므로 순원들이 쉽게 전체 내용을 파악할 수 있게 해준다.

『새생활의 시작』은 가교 사용이 얼마나 중요한지를 보여준다. 1권 공부를 마친 순원들에게 단순히 다음에 만나 2권을 하자고 하는 것과 다음과 같은 가교를 사용하는 것을 비교해 보자.

가교의 예 : "오늘 공부를 통해 하나님께서 형제에게 많은 선물들을 주셨음을 배웠는데, 형제가 죄를 짓는다면 그 선물은 어떻게 될까? 하나님이 다 빼앗아 가시는 것은 아닐까?"

이런 식으로 다음 권의 내용에 궁금증을 갖도록 가교를 사용한다면 다음에 만나 성경을 공부하는 것에 대해 자연스럽게 동기를 부여할 수 있다.

(3) 질문들 : 순원들로 하여금 상상하게 하고, 생각하게 하며, 성경 속으로 몰입하도록 돕는다.

3 시간 : 순모임하는 시간은 __1__시간을 넘지 말아야 하며, 45분 정도가 적당하다.

필요한 경우에는 충분한 시간을 가져야 한다.

4 **장소 : 찬양과 기도를 충분히 하고 대화를 깊이 나누기 위해 __한적한 곳__ 으로 순모임 장소를 선택해 두어야 한다.**

시끄러운 곳이나 사람들이 많이 오가는 곳에서는 집중할 수가 없기 때문에 가능하면 조용하고 사람들의 왕래가 적은 곳을 선택하라.

5 **순원**

(1) 순원은 나와 가장 __가까운__ 관계에서 __전도__ 를 통해 구하는 것이 가장 자연스럽다.

(2) 순원의 자격 : __모든__ 사람이 순모임에 참여할 수가 있다.

누구든지 하나님의 말씀을 필요로 하는 사람이면 순원이 될 수 있다. 순원의 수가 많으면 순장이 감당하기 어렵고 너무 적으면 그들 중에 순장이 될 가능성이 있는 사람의 수가 적게 된다.

(3) 순원의 수 : 3~8명 정도가 적당하다.

한 순모임에는 3~4명이 적당하고 이런 순모이을 3~4개 이끌 수 있다.

6 **기도 : 순모임의 목표를 이룰 수 있도록, 순원들의 성장과 필요를 채워주시도록 기도한다.**

기도를 통해 하나님께서 주시는 순원들을 만나는 것은 순장의 특권 중 하나이다. 충성스럽고 영적 승법번식을 할 순원들을 달라고 기도하라. 예수님도 제자들을 선택하실 때 밤을 세워 기도하셨다(눅 6:12~13).

5. 순모임의 시작 학생용 교재 26p

1 **__기도__ 로 시작하라. - 순원을 주시는 분도, 순모임의 주인도 하나님이시다. 순모임의 목표를 달성할 수 있도록 기도하라.**

하나님의 도우심 없이는 성공적인 순모임을 기대할 수 없다.

2 **__쉽게__ 시작하라. - 순모임은 신학 지식을 나누는 곳이 아니다.**

3 **__짧게__ 시작하라. - 순원들이 순모임을 시작하자마자 갑자기 많은 시간을 낼 수는 없을 것이다.**

4 <u>가까운 사람과</u> 시작하라. - 주위에 자신이 알고 있는 사람들로부터 순원들을 찾으라. 순원과의 관계는 친밀할수록 좋다.

5 <u>누구와도</u> 시작하라. - 예수님을 믿는 사람만 참여할 수 있는 것이 아니라 예수님을 알고 싶어하는 사람들과도 순모임을 할 수 있다.

6. 순모임의 진행 학생용 교재 26p

1 나눔 : 짧은 시간이라도 <u>삶</u>을 나누는 것이 필요하다.

<u>필요</u>를 채워주는 것은 <u>진도</u>를 나가는 것보다 더 중요하다.

삶을 나눌 때 순원의 필요를 더 잘 알게 되고 순원의 필요를 채워줄 때 큰 어려움 없이 성장해 갈 수 있다. 급하고 중요한 필요가 있음에도 불구하고 진도만을 나갈 때 그 순모임은 단순히 성경의 지식만을 배우는 곳으로 전락하기 쉽다. 순모임 시간에는 순원의 필요를 나누고, 순장이 자신의 삶에서 그리스도를 의지하고 믿음으로 도전하여 여러 가지 열매를 맺는 것을 순원이 보고 배우는 귀한 시간이다.

2 기도 : 하나님의 도우심 없이 성공적인 순모임은 없다. 기도로 믿음과 순모임에 대한 기대를 단순한 말로 표현하라.

3 순모임 교재를 사용한 성경공부 : 다양한 방법으로 적절한 <u>질문</u>을 하라.

순모임의 가장 중요한 부분은 하나님을 알아가는 성경공부이며, 성경공부는 질문을 통해 진행된다. 좋은 질문은 좋은 순모임을 만든다. 답을 다 알고 있는 질문들은 피하라. 지식만을 전달하는 것이 아니라 생각과 느낌도 말하게 하고 또한 상상하게 하여, 순원들로 하여금 적극적으로 참여하도록 이끌라.

(1) 질문의 종류 : 순모임에서 사용하는 질문은 다음과 같은 범주로 나눌 수 있다. [참고도서 : 테리 J 파뎅, 『애스킹』, 김재일 역(서울:샘앤파커스, 2009)]

① 개방 정도에 따라 : <u>닫힌</u> 질문 vs <u>열린</u> 질문

닫힌 질문이란 답이 뻔한 유도형 질문이나 정해진 답을 요구하는 것이고, 열린 질문은 답의 내용을 제한하지 않는 것이다. 답을 제한하지 않는 열린 질문이 유용하다.

② 질문의 대상에 따라 : __지명__ 질문 vs __전체__ 질문

지명 질문은 순원 중 누군가를 지명해서 물어보는 것이고, 전체 질문은 아무나 대답할 수 있게 전체에게 묻는 것이다.

③ 답의 난이도에 따라 : __사실__ 질문 vs __심화__ 질문

사실 질문이란 성경본문에 나타나 있는 사실을 묻는 것이고, 심화 질문은 정답을 찾기 어려운 것과 순원들의 감정을 묻거나 상상을 통해 답을 찾도록 묻는 것이다. 순장은 답을 가르쳐주는 사람이 아니라 순원들이 답을 찾아가도록 인도하는 사람이다.

(2) 순원이 질문을 하는 경우에는 어떻게 해야 할까?

① 잘 들으라 : 질문은 적극적인 참여의 표시이다.

순원이 질문을 하는 것은 적극적으로 참여하고 있다는 신호이므로 기뻐하라. 그의 생각을 잘 들어주는 것은 아주 중요하다.

② 개인적 관심은 나중에 다루도록 한다.

질문한 순원은 그 문제에 관심이 있지만 다른 순원들이 관심이 없을 경우라면 따로 개인적으로 만나서 다루어 주라. 모든 순원이 다 관심이 있다면 순장은 오늘 공부할 내용과 순원의 질문 중 어느 것이 더 중요한지를 생각하여 결정한다. 만일 순원의 질문에 답하기 위한 준비가 필요하다면 다음 순모임에서 다루겠다고 말하라.

③ 재질문, 역질문을 하라 : 질문한 사람은 __답__에 가장 가까이 있기도 하다.

가능하면 순장이 답하지 말고 그 순원 또는 순원들 전체에게 다시 물으라. 이렇게 함으로 순 전체가 참여하게 된다. 순원이 어려운 질문을 할 때는 당황하지 말고 순원 중에 아는 사람이 있는지 물어보고 아니면 다음 기회에 순원이나 순장이 그 답을 준비해오도록 한다. 모든 것을 다 아는 사람은 없다. 모른다는 것을 부끄러워하지 말라.

(3) 순원의 잘못된 대답을 다루기

순원이 질문에 대해 잘못된 답을 할 경우에는 어떻게 해야 할까?

① 같은 질문을 다른 사람들에게 물으라.

필요하다고 생각하는 경우에는 내가 그 답을 알고 있다 하더라도 다른 사람들이 알고 있는지를 묻고, 아는 사람이 있다면 그가 대답 하게 하라. 이를 통해 순원들의 적극적인 참여와 주인의식을 높일 수 있다.

② 질문을 쉽게 고쳐서 잘못 대답한 순원에게 다시 질문하라.

질문 자체가 어려운 경우도 있다. 무엇을 묻는지 모른다거나 답을 찾기가 어렵다면 누구나 이해할 수 있도록 쉽게 문제를 고쳐서 질문할 때 대답이 훨씬 쉬울 것이다.

③ 순원에게 정답을 캐내려 하지 말라.

내가 모를 수 있는 것처럼 순원도 모를 수 있다는 것을 당연한 일로 받아 들여라.

4 요약하기

문제에 대한 토의를 짧게 요약하고 다음으로 넘어가면 저절로 복습이 되고 문제에 대한 답이 분명해진다.

(1) __주의 깊게__ 들으라 : 잘 들어야 잘 요약할 수 있다.
순원의 의견을 잘 들어야 그들이 한 말을 요약 할 수 있다.

(2) 의견을 요약하라 : __중요한 것__만 남긴다.
중요하지 않은 것은 과감하게 빼고 가장 중요한 내용만 요약하라.

(3) 중요한 요점을 첨가하라.
순원들이 의견을 발표했지만 중요한 점이 빠졌다면 보충하여 정리해 주어야 한다.

(4) 가끔 하라 : 너무 자주 하면 흐름이 끊어질 수도 있다.
너무 자주 요약하고 정리하면, 주제를 향해 나가는 일이 방해를 받게 될 것이다. 순의 상태에 따라 큰 단락 하나를 진행하고 요약하면 될 것이다.

(5) 참여시키라 : 최고의 공부는 __참여__하는 것이다.
"누가 요약해볼까?"와 같은 말들을 통해 순원들의 자발적인 참여를 기대할 수 있게 된다.

강의 5 학생용 교재 28p

바울의 육성 방법

개관 목적

바울의 육성 방법을 배워 그 방법대로
실제 순모임을 해 나가도록 돕는다.

학습 목표

1. 바울의 육성 방법을 설명할 수 있다.
2. '그리스도를 닮아감'에 대한 도표를 설명할 수 있다.
3. 이 원리들을 실제 순모임에 적용할 수 있다.

개요

서론 (7분)

1. 바울의 사역 목적 (3분)
   전도한 사람들을 예수 그리스도 안에서 완전한 자로 세우려고 한다.

2. 하나님의 주권과 우리의 책임 (15분)
   1) 하나님의 주권 : 하나님만이 사람을 거듭나게 하시고 성장하게 하신다.
   2) 사람의 책임 : 육성에 있어서 하나님이 절대주권을 가지고 계시지만 인간에게도 책임이 있다는 것을 알아야 한다.
   3) 바울이 말한 우리의 책임 : 기도하고 사랑하고 교제하는 것이다.

3. 바울의 육성방법: 데살로니가교회에서의 예 (15분)
   1) 열린 마음과 정직한 마음
   2) 어머니처럼 대함
   3) 아버지처럼 행함

4. 바울이 사용한 육성 방법의 결과들 (10분)
   1) 예수 그리스도를 닮아가게 되었다.
   2) 영적 자녀들이 모든 면에서 성장해 나가는 것을 보는 것은 커다란 기쁨이다.

서론 학생용 교재 29p

이 강의는 바울의 육성 방법을 통해 육성의 방법과 원리들을 살펴보는 데 초점이 맞추어져 있습니다.

1 우리가 복음을 전하는 목적은 무엇인가?

지옥으로 향하는 사람들을 얻어서 천국에 갈 수 있도록 하는 것인가? 아니면 그리스도가 없는 사람들에게 하나님과 영원히 교제할 수 있도록 해 주는 것인가?

복음을 전하는 우리의 참된 목적은 <u>사람들을 하나님께 인도하여 하나님과 교제할 수 있도록 하는데 있다.</u>

2 복음을 전하는 참된 목적을 우리가 분명하게 이해하고 있을 때 <u>좋은 육성</u> 을 낳는 전도가 될 것이다. 좋은 육성은 <u>좋은 전도</u> 로부터 시작된다.

1. 바울의 사역 목적 학생용 교재 29p

바울은 복음을 전하는 동시에 전도한 사람들을 <u>예수 그리스도 안에서 완전한 자</u> 로 세우려고 했다. 이것이 우리가 복음을 전하는 참된 목적이다.

"우리가 그를 전파하여 각 사람을 권하고 모든 지혜로 각 사람을 가르침은 각 사람을 그리스도 안에서 완전한 자로 세우려 함이니 이를 위하여 나도 내 속에서 능력으로 역사하시는 이의 역사를 따라 힘을 다하여 수고하노라"(골 1:28~29)

지상명령의 목적은 모든 족속으로 제자를 삼는 것이다. 이것이 우리가 복음을 전하는 참 목적이기도 하다.

2. 하나님의 주권과 우리의 책임 학생용 교재 29p

바울은 육성에 있어서 하나님의 주권과 우리의 책임 사이에 균형이 있다고 말한다.

1 하나님의 주권 : 하나님은 모든 그리스도인들 안에서 홀로 주권적으로 일하신다. 즉, 하나님만이 사람을 거듭나게 하시고 성장하게 하신다(고전 3:6~7).

우리는 먼저 하나님의 주권을 인정해야 한다. 하나님은 주권자이시며 빌립보서 2:13에서처럼 '그의 기쁘신 뜻을 따라' 하나님의 모든 신실한 자녀들의 마음속에서 홀로 주권적으로 일하시는 유일하신 분이다. 하나님과 동일하신 성령님이 새 신자를 변화시킬 수 있으며 예수 그리스도 안에서 성숙한 자로 자라게 하신다.

2 사람의 책임 : 육성에 있어서 하나님이 절대주권을 가지고 계시지만 인간에게도 책임이 있다는 것을 알아야 한다(고전 3:8~9).

(1) 우리는 지상에서 __하나님__의 __도구__이다.

우리는 사람들을 예수 그리스도께 인도하기 위해 하나님이 항상 사람들을 사용하시는 것처럼 새 신자를 권면하고 성숙한 자로 육성하는 일에도 사람들을 사용하신다는 것을 알아야 한다.

(2) 우리는 하나님께 __결과__를 맡겨야 한다.

우리가 제자들을 육성할 때 전심전력으로 했지만 때때로 결과가 미약할 수도 있다. 그러므로 성령님의 능력 안에서 육성하고 그 결과는 하나님께 맡겨야 한다.

이제 바울이 제자를 육성하면서 우리에게 어떤 책임이 있다고 말하는지 살펴보자.

3 바울이 말한 우리의 책임

(1) 우리의 첫 번째 책임은 __기도__하는 것이다.

① 이것은 바울서신에 잘 나타나 있다.

골로새서 1:9 그들에 대해 듣던 날부터 기도하기를 __그치지__ 않았다.

빌립보서 1:3 그들을 생각할 __때마다__ 기도했다.

빌립보서 1:4 간구할 때마다 __기쁨으로__ 항상 기도했다.

② 바울은 기도를 통해 하나님이 시작하신 일을 이루실 것을 확신할 수 있었다.

빌립보서 1:6 __확신__을 가지고 기도했다.

빌립보 성도들에 대해 바울이 확신을 가질 수 있었던 것은 그들을 위한 기도의 결과이다. 당신이 그리스도께 인도한 사람들을 위해 기도하라.

(2) 우리의 두 번째 책임은 __사랑__하고 __교제__하는 것이다.

빌립보서 1:7~8 예수 그리스도의 __심장__으로 사랑했다.

바울은 새 신자들을 매우 사랑했고 그들과 함께 있기를 갈망했다. 감옥에 있을 때에도 바울의 마음속에는 그들이 있었다. 바울서신을 읽을 때 우리는 영적 자녀들에 대한 바울의 사랑에 감명을 받는다. 우리는 그리스도께 인도할 사람들을 사랑할 수 있도록 기도해야 한다. 물론 어떤 사람들은 쉽게 사랑할 수 있지만 어떤 사람들은 어려울 수도 있다.

(적절한 예가 있다면 나누라.)

이번에는 바울이 데살로니가에 처음 도착하여 어떻게 제자를 육성했는지 구체적으로 살펴보자.

3. 바울의 육성 방법: 데살로니가교회에서의 예 학생용 교재 30p

데살로니가전서 2:5~12에는 바울이 데살로니가 성도들을 육성한 방법과 그 원리들이 잘 묘사되어 있다. 그 중 바울이 사용한 몇 가지 육성 방법과 원리들을 찾아보자.

1 열린 마음과 정직한 마음(살전 2:5~6)

바울은 아첨의 말을 사용하지 않았고 거짓 동기도 없었다. 그는 탐심의 탈을 쓰지 않았으며 열린 마음으로 정직하게 말했다. 또한 바울은 그의 권리를 주장하지 않았고 그의 마음속에 있는 것을 그들에게 전했다. 우리도 바울처럼 정직해야 한다.

2 어머니처럼 대함

(1) 데살로니가전서 2:7 __온유함__ 과 __사랑__ 으로 돌보았다.

아이를 돌보는 어머니처럼 우리의 영적 자녀들을 온유함과 사랑으로 돌보아야 한다. 갓난아이는 그를 돌보아주는 사람을 필요로 한다. 영적으로도 마찬가지이다. 우리의 영적 자녀들은 사랑과 관심이 필요하다.

(2) 데살로니가전서 2:8 __시간__ 을 함께 보냈다.

① 바울은 __자신__ 의 __목숨__ 까지 주었다.

바울은 자신의 목숨까지 주었다고 했다. 우리의 시간뿐만 아니라 목숨을 주는 것은 무엇을 말하는가? 바울은 그리스도에게로 인도한 사람들과 함께 시간을 보냈다. 어떤 사람을 주님께 인도했을 때 바울은 그들과 함께 하기 위해 자신의 거처를 그들의 거처로 옮겼다. 일주일에 한번 약속 만남을 한 것이 아니고 자신의 자녀처럼 그들을 보살폈다. 그는 마치 항상 도울 수 있는 어머니 같았다. 어머니는 그의 자녀들을 위해 무엇이든지 해준다. 어머니는 자녀들을 돌보고 자녀들의 성장을 도울 수 있는 일을 하면서 자신의 삶을 보낸다.

② __친구__ 가 되었다.

제자를 세우기 위해 시간을 함께 보내고 우정을 쌓는 것은 중요하다. 제자들과 친구가 되라. 한 인간으로서 그에게 관심을 가지라. 그가 관심 있어 하는 일들에 대해 이야기하라.

(3) 성경 말씀을 전했다.

어린아이에게는 보살핌뿐만 아니라 음식이 필요하다. 새 신자들 역시 영적인 양식이 필요하다. 성경말씀이 곧 양식이다(벧전 2:2; 요 6:35). 그들에게 말씀을 공급하라. 그들에게 말씀을 전하고 읽게 하며 그들이 이해할 수 있도록 도와주어야 한다. 그들에게 말씀의 단맛을 보게 하라(시 19:10).

(4) 데살로니가전서 2:9 항상 __수고__하고 __애썼다.__

이 구절은 제자들이 성장하도록 돕는 우리의 태도에 대해 이야기한다. 바울은 어머니에 대한 좋은 통찰력을 가지고 있었다. 그는 '밤낮으로 일했다'고 한다. 그것은 어머니께서 하시는 일이다(음식공급, 돌봐줌, 지켜줌). 우리가 양육하는 사람들에게도 기꺼이 이렇게 해야 한다.

3 아버지처럼 행함

(1) 데살로니가전서 2:10 믿는 자들의 __모범__이 되었다.

① **그는 가치 있는 일을 행하는 것이 얼마나 중요한지 직접 본을 보였다.**

자녀 양육에 있어서 아버지의 모범처럼 능력 있는 것은 없다. 바울은 아버지처럼 가치 있는 일을 행하는 것에 대한 모범을 그들에게 보여 주었다. 그는 주님에 대해 헌신적이었다. 또한 그의 제자들에 대해서도 헌신적이었다. 그는 그들에 대해 부끄러움이 없었다. 그는 자신을 기쁘게 하려고 그들을 이용하려는 숨은 동기를 가지고 있지 않았다. 단지 그들에게만 관심이 있었다.

② **제자들에 대한 자신의 태도를 중요하게 생각했다.**

제자들은 여러분의 태도를 통해 그들에 대한 예수 그리스도의 심정을 깨닫게 된다. 제자들은 말로 가르치지 않은 것도 배운다.

(2) 데살로니가전서 2:11 아버지처럼 __훈계__했다.

① **바울은 제자들을 권면하고 격려했으며 필요할 때는 훈계하며 잘못을 바로 잡아주었다.**

아버지의 훈계가 좋은 모범과 조화를 이룰 때 능력이 있다. 훈계를 하는 일은 쉽지 않고 즐거운 일도 아니지만, 바울은 필요할 때마다 바르게 고쳐주고 해야 할 일을 하도록 권면했다.

② **우리가 예수 그리스도께로 인도한 사람들을 그리스도 안에서 올바른 길로 나아가도록 도와주어야 한다.**

만약 당신의 제자가 이단이나 잘못된 모임에 참석하고 있다면 '그 모임에서 나와라, 너는 잘못된 길을 가고 있어' 라고 말하는 것을 두려워하지 말라. 여러분은 친밀한 관계를 갖지 않고는 이런 말을 할 수 없다.

이러한 권면의 결과들은 무엇인지 살펴보자.

1 데살로니가전서 1:6~10 예수 그리스도를 닮아가게 되었다.

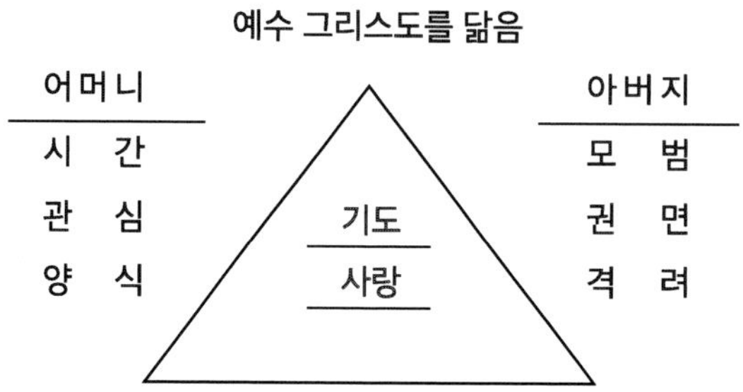

바울은 어머니처럼 사랑으로 시작했다. 그는 시간을 들여 수고했고 그들에게 영적인 양식도 주었다. 또한 아버지처럼 모범을 보였으며 그들을 권면하고 격려했다. 이 모든 것들이 기도와 사랑에 의해 이루어졌고, 결과적으로 그의 제자들이 그리스도를 닮게 되었다.

2 우리가 육성하는 그리스도인들이 모든 면에서 성장해 나가는 것을 보는 것은 커다란 기쁨이다(요삼 1:4).

여러분의 영적 자녀들이 진리 안에서 행하는 것을 바라보는 것보다 더 큰 기쁨은 없다.
여러분은 그 기쁨을 원하는가? 그러면 바울의 권면 방법을 지금부터 실천해 보라.

강의 6 학생용 교재 32p

전도와 육성의 관계

개관 목적

지속적인 전도와 육성의 원칙들을 이해하고
개인 사역에 적용할 수 있다.

학습 목표

1. 새 신자를 제자로 육성하기 위하여 전도에 참여시키는 방법을 설명할 수 있다.
2. 전도가 육성의 필수적인 단계임을 가르쳐 주는 성경적 근거를 말할 수 있다.
3. 마가복음 4장에서 보여 주는 전도와 육성의 관계를 설명할 수 있다.
4. 지속적인 전도와 육성의 관계에 대한 원리들을 적용할 수 있다.

개요

서론 : 전도와 육성의 관계에 대한 견해 (5분)

1. 전도와 육성의 관계에 대한 예수님의 관점 (10분)
   1) 예수님은 대중을 전도하시면서 제자들을 훈련시켰다.
   2) 효과적인 제자화는 제자들을 전도과정에 참여시키는 것이다.

2. 마가복음 4장에서 보여 주는 전도와 육성의 관계 (12분)
   1) 많은 사람들을 얻기 위해 복음의 씨앗을 풍성하게 뿌려야 한다.
   2) 많은 제자들을 육성하려면 그보다 훨씬 더 많은 사람들을 전도해야 한다.
   3) 육성 받는 자가 열매 맺는 제자가 되지 않더라도 좌절하지 말라. 열매 맺는 것은 사람마다 큰 차이가 있다.
   4) 제자화는 육성받는 사람과 보낸 시간의 양에 의해 보장되는 것은 아니다.
   5) "한 사람 전도해서 한 사람 육성"하려는 가법번식의 개념으로는 운동이 일어날 수 없다.
   6) 준비된 사람들을 찾아내고, 그들을 육성해야 한다.

3. 사례 연구 (15분)
   1) 캠퍼스에서의 사례
   2) 직장에서의 사례

4. 전도와 육성의 관계에 대한 원리 (5분)
   1) 새 신자들을 영적 운동에 참여시켜야 한다.
   2) 일상생활 속에서 전도하는 가운데 제자화가 된다.
   3) 제자들과 함께 계속 전도해야 한다.
   4) 제자화는 일상생활 속에서 지속적으로 전도가 이루어지는 중에 진행되어야 한다.

5. 적용 (3분)

서론 : 전도와 육성의 관계에 대한 견해 　　학생용 교재 33p

어떤 사람이 다음과 같이 말했다고 가정해 보자. "예수 그리스도를 영접하여 영적으로 새롭게 태어난 새신자는 성숙한 그리스도인으로 성장하도록 성경 말씀을 배우고 기도 모임에 참석해야 한다. 아직 영적으로 어린 새 신자는 누군가를 전도하기 어렵다. 그들은 성경 말씀과 기도를 배워 성장하고 난 후에야 전도할 수 있다. 지금 우리에게는 육성해야 할 새 신자들이 많기 때문에 당분간은 전도하지 않고 육성에 집중하는 것이 좋겠다."

당신은 이런 견해에 대해 어떻게 생각하는가?

당신의 생각을 교재의 빈칸에 적으라. 3분 후에 당신의 생각을 나누어 보자.

위의 질문에 대한 당신의 대답은 당신이 제자화 과정에 있어서 전도와 육성의 관계를 어떻게 이해하고 있는지를 보여준다. 제자화에 관심을 갖고 있는 그리스도인들은 일반적으로 전도와 육성을 두 개의 분리된 사역으로 생각한다. 예수님은 전도와 육성의 관계를 어떻게 생각하셨는지 살펴보자.

1. 전도와 육성의 관계에 대한 예수님의 관점 　　학생용 교재 33p

다음 질문의 답을 적고 한 두명에게 발표하게 하라.

질문 아래 성경 말씀들에 의하면 예수님은 제자들을 어떻게 육성하셨는가?

마태복음 4:19 예수님은 전도할 때 처음부터 제자로 세울 것을 생각하셨다.

요한복음 2:1~11 물로 포도주를 만든 기적은 예수님이 하나님의 아들임을 증명하는 표적이다. 이 표적은 불신자들을 믿음으로 이끌었을 뿐만 아니라 제자들의 믿음이 깊어지도록 하였다. 이것을 통해 우리는 예수님의 사역 현장에서 전도와 제자 육성이 동시에 일어나고 있음을 알 수 있다.

요한복음 9:1~7 예수님은 제자들을 전도하는 현장에 데리고 다니시며 가르치셨다. 제자들은 예수님과 함께 다니며 믿음이 더욱 굳건해질 뿐만 아니라 예수님의 마음과 사역의 철학, 정신, 방법들을 배우게 되었다.

질문 예수님은 제자화의 관점에서 전도와 육성을 어떻게 보셨는가?

예수님은 전도 현장이 육성의 현장이 되게 하셨다. 즉 전도와 육성을 하나로 연결 지어 생각하셨다.

1 위의 말씀들은 예수님께서 대중에게 전도하시는 가운데 제자들을 훈련시키셨음을 보여 준다. 예수님은 제자 육성을 사람들의 실제 생활의 체험 으로부터 분리시키지 않으셨다. 즉, 예수님은 제자들을 교실에서만 훈련시키지 않으셨고, 반대와 저항이 있는 실제 세상 속에서 그들을 가르치셨다.

2 효과적인 제자화는 당신의 제자들을 전도 과정 에 참여시키는 것이다.

이번에는 마가복음 4장의 씨 뿌리는 비유를 통해 전도와 육성의 관계를 살펴보자.

2. 마가복음 4장에서 보여 주는 전도와 육성의 관계 학생용 교재 34p

다음 질문의 답을 적고 한 두명에게 발표하게 하라.

질문 마가복음 4:3~9, 14~20의 씨 뿌리는 비유는 전도와 육성의 관계에 대해 우리에게 무엇을 가르쳐 주는가?

이제 마가복음 4장에서 발견한 전도와 육성에 대한 핵심 요점들을 정리해 보자.

1 우리는 많은 사람들을 얻기 위해 복음의 씨앗을 풍성하게 뿌려야 한다.

2 마가복음 4장은 당신이 예수 그리스도께 인도한 모든 사람이 열매 맺는 제자 가 되는 것은 아니라는 것을 말해준다. 그러므로 많은 제자들 을 육성하려면 그보다 훨씬 더 많은 사람들을 전도해야 한다.

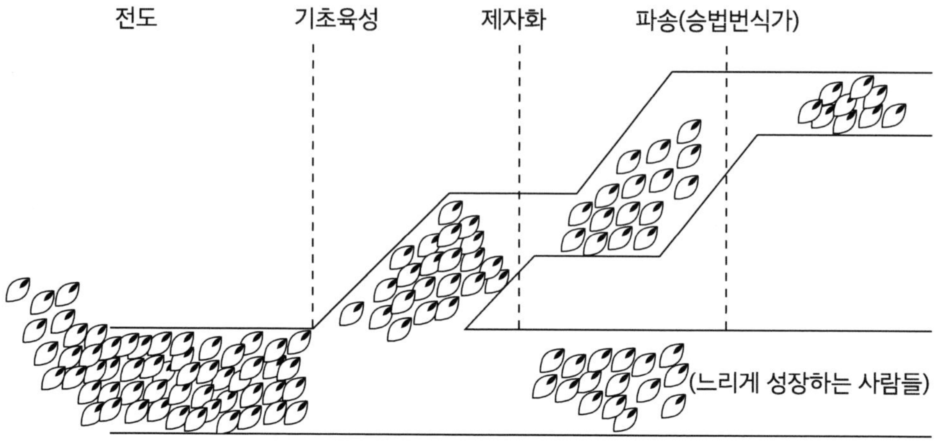

<많이 뿌려야 할 필요성에 대한 도표>

이 도표는 복음의 씨앗을 최대한 많이 뿌려야 하는 이유를 설명해 준다. 우리가 더 많은 제자들을 육성하기 위해서는 많은 사람들에게 복음을 전해야 한다. 왜냐하면 복음을 받아들인 사람들이 모두 그리스도께 전적으로 헌신하지는 않기 때문이다. 느리게 성장하는 사람들도 있고 성장하지 않은 채 남아있는 사람들도 있기 때문이다.

3 우리는 예수 그리스도께로 인도한 사람들이 모두 제자가 되기를 원하지만, 그들 모두가 열매 맺는 제자 가 되지 않더라도 좌절하지 않아야 한다. 열매 맺는 것은 사람마다 큰 차이가 있다.

4 제자화는 그 사람과 함께 보낸 시간 의 양에 의해 보장되는 것이 아니다. 오랫동안 제자 육성을 받은 사람이라도 예수 그리스도를 신실하게 따르지 않는 경우가 있는 반면, 짧은 시간동안 제자 육성을 받아도 제자로 성숙한 사람이 있다. 영적 성장에는 다양한 차이 가 있다.

5 우리는 "한 사람 전도해서 한 사람 육성"하려는 생각을 바꾸어야 한다. 그렇지 않으면 운동 을 일으키는 사역을 결코 하지 못할 것이다.

"한 사람 전도해서 한 사람 육성"하는 개념은 가법번식에 해당된다. 가법번식만으로는 영적 운동을 일으킬 수 없으며 지상명령을 성취할 수 없다.

6 우리는 항상 준비된 사람들을 찾아내고, 시간을 투자해서 그들이 다른 사람들을 전도 하고 육성 하도록 도와야 한다.

(학생들을 몇 개의 순으로 나누어 사례연구를 읽고 토의하고 답하게 하라. 각 순에 순장을 세워 토의를 요약하고 결론을 발표하게 하라.)

3. 사례연구 학생용 교재 35p

1 캠퍼스에서의 사례

경영학과에 다니고 있는 영수는 자기 과의 모든 학생들에게 복음을 전하기 위해 기도해왔다. 그러던 어느 금요일 오후, "친구 초청의 밤"이라는 전도 모임이 캠퍼스에서 열렸다. 영수는 그동안 기도해 왔던 같은 과 친구 승재를 초대했다. 승재는 전도 모임에 참석했고 거기에서 예수 그리스도를 영접했다. 영수는 너무 기뻤다.

바로 다음 날 영수는 승재를 다시 만나 "새생활의 시작" 1권을 같이 공부했다. 공부를 마치고 영수는 그가 학과 친구 모두를 위해서 기도하고 있었다는 것을 승재에게 말해 주었고 그도 함께 기도해 줄 것을 부탁했다.

그 다음 주, 근처에 있는 다른 학교에서 크리스찬 콘서트가 열렸다. 그들은 같은 과 친구 기범이를 초청하여 함께 콘서트에 갔다. 콘서트가 끝난 후, 영수는 기범이에게 사영리를 전했고 승재는 옆에서 지켜보고 있었다. 어떻게 복음을 전하는지 궁금하기도 하고 두렵기도 했던 승재는, 기범이에게 자연스럽게 사영리를 읽어주는 영수를 보며 전도가 생각처럼 그다지 어렵지 않다고 느끼게 되었다.

콘서트가 끝나고 그들이 교정에서 이야기를 나누고 있을 때, 마침 승재는 친구 용준이를 만나게 되었다. 그는 반갑게 용준이에게 인사를 하고 영수와 기범이를 소개했다. 승재는 자연스럽게 콘서트에 대해 이야기를 하면서 용준이에게 복음을 전했다. 이 때 영수는 용준이에게 사영리를 읽어 주는 것이 어떻겠냐고 승재에게 제안했다. 승재는 조금 당황스러웠으나 조금 전 영수가 기범이에게 사영리를 그대로 읽어 주었던 모습을 떠올리고는 용기를 내어 용준이에게 사영리를 읽어 주었다. 용준이는 진지했고 예수님을 영접하는 기도를 따라 했다. 승재는 기쁘고 감격스러웠다. 이상하게도 승재는 용준이에게 그전보다 훨씬 더 친밀감을 느꼈고 용준이의 신앙 성장을 도울 수 있는 영수 같은 사람이 필요하다고 생각했다.

2 직장에서의 사례

CCC 간사인 한수는 한 직장 신우회 모임에서 영재를 만났다. 영재는 보험회사 지점장이였다. 모임이 끝난 후 한수는 영재를 점심식사에 초대했고 영재는 흔쾌히 수락했다. 점심시간에 한수는 영재가 예수 그리스도를 영접했으나 아직 확신하지 못하고 있음을 알게 되었다. 한수는 곧 사영리 11쪽에 나와있는 구원의 확신 부분을 설명해 주었고, 그 때 영재는 예수 그리스도가 자기 안에 계시며 절대로 자신을 떠나지 않으신다는 사실을 확신하게 되었다. 영재는 자신의 사무실에 40명의 사람들이 함께 일하고 있다고 한수에게 말했다. 그러자 한수가 영재에게 물었다.

한수 : 영재씨, 그들 모두가 함께 모이는 시간이 있습니까?

영재 : 네, 매주 금요일 저녁에 전체 미팅이 있습니다.

한수 : 허락하신다면, 제가 그 모임에서 간략하게 전도 메시지를 전하고 싶은데요.

영재 : 아! 그거 좋겠네요. 그 동안 회사에서 예수님을 전할 수 있을 거라고는 전혀 생각지도 못하고 있었거든요.

한수 : 잘 됐습니다. 그러면 제가 메시지를 약 15분 정도 전하고, 영재씨가 어떻게 하나님을 알게 되었는지 간증해 주시면 좋을 것 같은데요

영재 : 간증이요? 글쎄요. 제가 간증을 할 수 있을지 모르겠습니다. 사실 동료나 직원들 앞에서 내 자신의 신앙을 나타낸다는 것이 선뜻 용기가 나지 않습니다만…….

한수 : 제가 간증을 준비하고 나누는 방법을 가르쳐 드리겠습니다. 다음 금요일에 이 모임을 하면 어떻겠습니까? 괜찮으시다면 내일 다시 만나서 구체적으로 의논하면 좋겠습니다.

금요일 저녁 모임에서 영재는 직원들에게 한수를 소개했다. 한수는 사영리를 통해 복음을 전했다. 영재는 자신이 어떻게 그리스도인이 되었는지 간증했다. 모임이 끝난 후 한수는 특별히 참석한 부사장에게 예수 그리스도를 전했고 영재는 이를 지켜보았다. 그 후, 한수는 영재에게 직장 동료들 중 한 사람에게 그리스도를 전하길 권면했다. 영재는 한수가 한 그대로 사영리를 동료에게 읽어 주었다. 동료는 예수님을 영접하지는 않았지만 성경에 대해서 더 알고 싶다고 했다. 영재는 많은 사람들이 복음에 대해 관심이 있다는 것을 알게 되었고 이런 모임을 지속적으로 갖고 전도를 꾸준히 해야겠다고 다짐했다.

(10분이 지나면 학생들이 발견한 것을 나누도록 하라. 학생들의 결론들을 정리해 주고 아래 제시된 답을 나누라.)

위의 두 사례들에서 영수와 한수는 제자로 육성하기 위해 어떤 일들을 실행했는가?

① 전도에 즉시 참여시킴.

② 비전을 나누어 가짐.

③ 새 신자가 전도할 수 있도록 즉각적으로 도움.

④ 새 신자와 시간을 같이 보냄.

이제 전도와 육성의 관계에 대한 원리를 알아보자.

4. 전도와 육성의 관계에 대한 원리 　　학생용 교재 37p

1 새 신자들을 제자로 육성하기 위해서는 영적운동 에 참여시켜야 한다.

2 위의 사례들에 나오는 사람들은 일상 생활 속에서 전도를 계속해 나가는 가운데 제자화 되었다. 사례에서 제자들은 전도 과정에서 관찰하고 참여 하고 있었기 때문에 전도에 대해 적극적인 태도를 취할 수 있었다.

3 우리는 믿지 않는 이들을 예수 그리스도께로 인도하는 하나님의 도구로써 쓰임 받는 동시에, 우리에게 주어진 새로운 제자들과 함께 계속 전도 함으로 제자들을 육성해야 한다.

4 이것은 새 신자의 필요를 채워주기 위해 그들과 개인적으로 시간을 함께 보내는 것이 중요하지 않다는 말이 아니다. 제자화는 일상생활 속에서 지속적으로 전도가 이루어지는 중에 진행되어야 한다는 뜻이다.

5. 적용 　　학생용 교재 37p

질문 이 강의를 통해서 알게 된 예수님의 육성 철학에 비추어서 전도와 제자화에 관해 당신이 시작해야 할 일들은 어떤 것들이 있는가?

실천 사항 : 앞에서 토론했던 전도와 육성의 원칙들을 적용하여 제자화 사역에 대한 계획을 세워보라.

강의 7 학생용 교재 38p

순모임으로의 초대

개관 목적

새 신자에게 기초 육성의 중요함을 알게 하고
순모임에 참여 하도록 동기부여 하는 것을 배운다.

학습 목표

1. 기초 육성을 정의할 수 있다.
2. 기초 육성의 5가지 목표를 말할 수 있다.
3. 기초 육성의 4가지 방법을 말할 수 있다.
4. 전도 후 첫 번째 육성 만남에 새 신자를 초대하는 방법을 말할 수 있다.

개요

서론 : 사례연구 (5분)

1. 성경에 나오는 기초 육성의 사례
   1) 예루살렘의 베드로
   2) 더베의 바울

2. 기초 육성의 정의 (3분)
   새 신자에게 신앙의 기본 진리를 가르쳐 영적으로 성숙하고 영적 재생산에 참여할 수 있게 하는 과정이다

3. 기초 육성의 목표 (5분)
   1) 믿음의 근거를 성경에 두게 한다.
   2) 영적 성장의 성경적 원리를 이해하게 한다.
   3) 친구 관계를 돈독하게 한다.
   4) 믿음을 나누는 것이 하나님의 뜻임을 알게 한다.
   5) 승법번식에 참여하게 한다.

4. 기초 육성의 방법 (10분)
   1) 하나님께서 성장하게 하심을 기억하고 기도한다.
   2) 새 신자와의 관계를 돈독하게 한다.
   3) 영적으로 성장하고 싶은 마음을 갖게 한다.
   4) 그리스도인들과 사귈 수 있도록 한다.

5. 전도 후 첫 번째 육성 만남에 새 신자를 초대하기 (5분)
   1) 그리스도를 영접한 지 24~48시간 내에 다시 만난다.
   2) 하나님과의 관계가 성장해야 한다는 것을 깨닫게 한다.
   3) 만남을 위해 구체적인 시간과 장소를 정한다.
   4) 4영리를 복습해오도록 하고 감사를 표현하게 한다.

6. 시범 (10분) - 관찰 나눔 포함

7. 실습 (5분)

8. 실천 사항 (2분)

서론 학생용 교재 39p

이 강의는 여러분에게 기초 육성의 이유와 방법을 이해하도록 돕기 위한 것이다. 기초 육성의 중요성을 이해하기 위해 영수라는 사람에 대한 사례연구를 함께 살펴보자.

영수는 오늘 그리스도를 영접했다. 점심시간에 어떤 사람이 영수에게 다가와 4영리를 읽어 주었을 때 그리스도를 영접하는 기도를 했다. 4영리를 전해준 사람은 급한 일이 있어 더 많은 이야기를 나누지 못한다며 곧 바로 자리를 떠났다. 영수는 그리스도를 영접한 것이 기뻤고, 행복한 마음마저 들었다. 하지만 시간이 지나고 집으로 돌아가는 길에 몇 가지 의문이 생기기 시작했다.

"내가 다시 죄를 지으면 어떻게 될까?"
"또 다시 예수 그리스도를 영접해야 하는 걸까?"
"그리스도인이 되었는데 교회에 가는 것은 어떻게 해야 할까?"
"어떻게 하면 하나님을 더 잘 알 수 있을까?"

영수는 이런 질문들의 해답을 알고 싶어서 누군가의 도움을 받고 싶었다.

만일 당신이 영수에게 전도한 사람이라면 그에게 무엇을 해주어야 하는가?

(제안된 답)

1. 그를 다시 만나야 한다.
2. 구원이 믿음에 의한 것이지 행위에 의한 것이 아님을 강조한다.
3. 그리스도가 그를 결코 떠나지 않으실 것임을 말해준다.
4. 우리가 죄 사함 받은 근거가 십자가임을 말해준다.
5. 그리스도인의 성장의 원리를 알려준다.

초대교회 제자들은 예수님을 따르고 사람 낚는 어부들이 되었다. 그들은 다른 사람들이 주님을 따르는 것을 돕고 그들에게 그리스도의 말씀을 가지고 세상에 나가도록 가르침으로써 다른 사람을 제자로 육성했다. 성경에는 이러한 사례가 여러 번 나온다.

1. 성경에 나오는 기초 육성의 사례 학생용 교재 39p

1 예루살렘의 베드로

"그 말을 받은 사람들은 세례를 받으매 이날에 신도의 수가 삼천이나 더하더라 그들이 사도

의 가르침을 받아 서로 교제하고 떡을 떼며 오로지 기도하기를 힘쓰니라" (행 2:41~42)

2 더베의 바울

"복음을 그 성에서 전하여 많은 사람을 제자로 삼고 루스드라와 이고니온과 안디옥으로 돌아가서 제자들의 마음을 굳게 하여 이 믿음에 머물러 있으라 권하고 또 우리가 하나님의 나라에 들어가려면 많은 환난을 겪어야 할 것이라 하고" (행 14:21~22)

* 성경의 또 다른 예 : 고린도의 바울(행 18:7~11), 에베소의 바울(행 19:1~10)

성경에 나오는 예를 따라 우리도 새 신자들을 육성하도록 노력해야 한다. 새 신자 육성을 위해 기초 육성의 정의, 목표, 방법을 살펴보자.

2. 기초 육성의 정의 학생용 교재 39p

기초 육성이란 새 신자에게 신앙의 기본 진리를 _가르쳐_ 영적으로 성숙하고 _영적 재생산_ 에 참여할 수 있게 하는 과정이다.

"이는 성도를 온전하게 하여 봉사의 일을 하게 하며 그리스도의 몸을 세우려 하심이라 우리가 다 하나님의 아들을 믿는 것과 아는 일에 하나가 되어 온전한 사람을 이루어 그리스도의 장성한 분량이 충만한 데까지 이르리니" (엡 4:12~13)

기초 육성은 새 신자의 영적 성숙에 토대가 된다는 것을 기억하는 것이 중요하다. 새 신자가 성장하는 것을 돕기 위해 기초 육성에서 성취해야 할 몇 가지 목표가 있다.

3. 기초 육성의 목표 학생용 교재 40p

1 새 신자가 믿음의 근거를 성경에 두게 한다(딤후 3:16~17).

2 영적 성장의 성경적 원리를 새 신자가 이해하도록 도와준다.

영적 성장의 성경적인 원리란 새 신자의 성장 과정에 있어야 할 기도, 성경공부, 성령, 전도, 교제 등의 중요성을 전달하는 것을 의미한다.

3 새 신자와 친구 관계 를 돈독하게 한다.

4 새 신자에게 모든 그리스도인이 자신의 믿음을 다른 사람에게 전하는 것 이 하나님의 뜻임을 알게 한다.

5 새 신자가 믿지 않는 사람을 그리스도께 인도하고, 전도한 그들을 육성할 수 있는 제자 로 성장하도록 돕는다.

우리가 육성 과정에서 하는 일은 새 신자가 하나님을 의존하고, 영적 승법번식가가 될 수 있도록 그가 영적으로 성장하는 것을 돕는 것임을 기억해야 한다.

이제 기초 육성의 목표를 성취하기 위한 몇 가지 실제적인 방법을 함께 생각해 보자.

4. 기초 육성의 방법 학생용 교재 40p

1 하나님께서 성장하게 하신다는 것을 기억하고 그를 위해 정기적으로 기도하라.

"나는 심었고 아볼로는 물을 주었으되 오직 하나님께서 자라나게 하셨나니" (고전 3:6)

하나님이 모든 사람의 영적 성장의 궁극적인 책임자이시다. 바울과 아볼로가 고린도 교회에서 한 것처럼 우리도 하나님께서 사용하실 수 있도록 우리 자신을 드려야 한다. 우리가 하나님의 일에 쓰임 받을 수 있다는 것은 놀라운 특권이다.

기도는 영적 성장에 매우 중요하다. 우리가 하나님의 말씀에 따라 새 신자를 위해 기도할 때 그가 영적으로 성장할 뿐만 아니라, 우리 자신의 기도생활도 풍성해짐을 깨닫게 될 것이다.

2 새 신자와의 관계 를 돈독하게 해 나가야 한다.

(1) 다음과 같은 분위기를 만들어라.

① 사랑

② 격려

③ 친밀감

우리가 육성하는 사람에게 개인적으로 관심을 가지고 있음을 보여주는 것이 중요하다. 개인적인 관심을 보여주는 가장 좋은 방법은 그의 친구가 되어 주는 것이다.

(2) 그의 _친구_ 가 되라.

① 그를 찾아 가서 만나라.

② 함께 재미있는 일을 하라.

③ 그에 대해 알아가라(그의 가족, 취미, 목표, 친구, 관심사, 고민 등)

④ 당신의 생활을 보여 주라.

㉠ 있는 그대로 보여 주라.

㉡ 당신의 생활에서 그리스도가 어떤 분인지를 보여 주라.

⑤ 그에게 관심을 가지고 _경청_ 하라.

(당신 자신 또는 다른 어떤 사람이 새 신자와 친구 관계를 이루어가는 예를 위의 몇 가지 항목들을 사용해서 말하라.)

3 새 신자가 영적으로 성장하고 싶은 마음을 갖게 하라.

(1) 자신의 _필요_ 를 깨닫게 하라.

(2) 그의 필요에 _예수 그리스도_ 를 관련시켜 주라.

(3) 새 신자가 하나님 안에서 성장하도록 돕기 위해 정기적으로 만나라.

우리는 새 신자의 필요에 그리스도를 관련시켜 줌으로써, 새 신자가 하나님을 더 알고 싶어하고 더 친밀한 관계를 갖고 싶어 하도록 동기부여 할 수 있다. 이를 위해서는 잘 들어주는 사람이 되어야 한다. 우리가 새 신자와 시간을 보내며 그가 말하는 것을 듣게 될 때 그의 생활의 필요나 문제가 무엇인지 깨닫게 될 것이다.

그러면 우리는 그에게 성경 말씀을 보여주거나 우리 자신의 삶에서 그와 비슷한 문제를 그리스도께서 어떻게 해결해 주셨는가를 이야기해 줌으로 그의 필요와 문제를 그리스도께서 해결해 주실 수 있음을 보여줄 수 있다.

(아래의 예나 혹 당신 자신의 경험을 말하라.)

많은 사람들, 심지어 그리스도인들까지도 고독의 문제를 안고 있다. 그러나 그리스도인들에게는 언제나 의지할 수 있는 동반자 또는 친구가 있다. 예레미야 31:3은 하나님께서 우리를 영원한 사랑으로 사랑하신다고 말씀하신다. 마태복음 28:20과 히브리서 13:5은 하나님이 항상 우리와 함께 계신다고 말한다. 그는 언제나 우리와 이야기할 수 있도록 가까이 계시며 고독한 영역을 채워 주신다.

4 그를 다른 그리스도인들에게 소개하고 그들과 _교제하게_ 하라.

새 신자를 다른 그리스도인들에게 가능한 빨리 소개해 주는 것이 중요하다. 하나님을 사랑하고 하나님과의 관계가 성장하는 다른 사람들을 만나게 될 때 그에게 격려가 되기 때문이다.

또한 그가 그리스도를 따르는 사람들과 함께 있으면 자신이 그리스도인임을 적극적으로 나타내는 데 도움이 된다. 그에게 다른 그리스도인들을 만날 수 있는 활동이나 모임에 참여하라고 권면하라.

5. 전도 후 첫 번째 육성 만남에 새 신자를 초대하기 학생용 교재 41p

그리스도를 영접한 사람과 첫 번째 육성만남 약속을 하는 구체적인 방법을 생각해 보자.

1 새 신자가 그리스도를 영접한 지 24~48시간 내에 다시 만나라.

"뿌리는 자는 말씀을 뿌리는 것이라 말씀이 길가에 뿌려졌다는 것은 이들을 가리킴이니 곧 말씀을 들었을 때에 사탄이 즉시 와서 그들에게 뿌려진 말씀을 빼앗는 것이요" (막 4:14~15)

새 신자가 그리스도를 영접한 후에 곧 다시 그를 만나는 것이 중요하다. 이는 우리가 한 사람을 그리스도께로 인도하면 사탄도 일을 시작하기 때문이다. 갓 태어난 아기처럼 그리스도인도 영적으로 거듭난 직후가 가장 약하다. 사탄은 그의 마음에 의심과 혼란을 불러일으키려고 시도할 것이다. 그러므로 48시간 이내에 새 신자를 만나 그에게 그리스도인의 성장에 대해 이야기해 주는 것이 중요하다.

2 그에게 하나님과의 관계가 성장해야 하는 이유를 깨닫게 하라.

새 신자에게 그리스도인이 된 것은 하나님과의 관계를 갖게 된 것임을 알려주고, 다른 관계들처럼 하나님과의 관계가 성장하기 위해서는 시간을 가져야 한다고 말하라. 그리고 하나님과의 관계가 자라나는 데 도움이 되는 몇 가지 사실을 알려주기 위해 그와 다시 만나기 원한다고 말하라.

3 새 신자와 만날 구체적인 시간 과 장소 를 정하라.

4 다시 만나기 전에 그에게 사영리를 복습 해오도록 하고 예수님께서 그의 생애에 들어오신 것을 다시 감사 하게 하라.

새 신자가 주님께 감사를 표현함으로 그가 하나님이 기뻐하시는 믿음을 가졌음을 보여드리도록 하라.

▶ 그러면 위의 4가지 방법을 사용하여 새 신자를 첫 번째 육성 만남에 초대하는 시범을 보여 드리겠습니다. 저의 시범을 보이는지 잘 관찰해 주십시오.

6. 시범 학생용 교재 42p

(상황 설정을 위해 다음과 같이 말하라.)

▶ 영수가 이미 주님을 영접하였고 구원의 확신을 얻었다고 가정하겠습니다.

당신 : 영수씨는 오늘 그리스도를 영접하셨습니다. 이제 그리스도와 개인적인 관계를 맺기 시작한 것입니다. 그렇지만 이것은 관계의 시작에 불과합니다. 예를 들어 볼까요? 영수씨와 저는 오늘 처음 만나 얘기를 나누었잖아요. 그런 의미에서 우리는 친구 관계를 시작한 셈입니다. 하지만 오늘 이후 우리가 다시 만나지 않는다면 우리의 우정이 깊어질 수 있을까요?

영수 : 아니요.

당신 : 왜 그럴까요?

영수 : 그야, 함께 시간을 보내며 많은 이야기를 하면서, 서로를 알아 갈 때 우정은 깊어지기 때문이지요.

당신 : 그렇습니다. 우리가 자주 만나 함께 시간을 보내고 대화를 많이 나누어야 우정이 깊어지듯이, 예수님과 영수씨와의 관계도 마찬가지입니다. 예수님과의 관계가 깊어지기 위해서는 영수씨가 예수님과 함께 더 많은 시간을 보내고, 예수님과 대화하는 법도 배울 필요가 있습니다. 영수씨가 그렇게 예수님과의 관계가 깊어지도록 제가 도와드리고 싶은데 괜찮으신지요?

영수 : 예, 괜찮습니다.

당신 : 내일 오후 2시에 만나면 어떨까요?

영수 : 좋습니다.

당신 : 장소는 어디로 할까요? 괜찮으면 오늘 만난 이곳도 좋은 것 같은데...

영수 : 예. 여기로 하지요.

당신 : 그럼 내일 바로 이 자리에서 오후 2시에 만납시다.

영수 : 그렇게 하겠습니다.

당신 : 오늘 집에 가셔서 4영리를 다시 한 번 읽어 보세요. 그리고 그리스도께서 영수씨 마음에 들어오신 것에 대해 감사하세요. 감사는 믿음의 표현이거든요. 내일 만나면 <그리스도와 함께하는 새 생활의 시작>이라는 작은 책자를 공부하겠습니다.

영수 : 네, 좋습니다.

당신 : 감사합니다. 내일 오후 2시에 여기에서 만나는 것 잊지 마세요. 그럼 내일 뵙겠습니다. 안녕히 가세요.

▶ 시범을 마치겠습니다. 여러분이 관찰한 것을 말씀해 주십시오.

(필요하면 아래의 질문이나 혹은 토론을 활기 있게 하는 질문을 하라.)

1. 영수에게 하나님과의 관계가 성장해야 함을 알려주기 위해 제가 어떤 예를 제시했습니까?
   <u>그리스도와 그와의 관계를 성장하는 우정에 비교했다.</u>
2. 제가 만남 약속을 어떻게 했는지 구체적으로 말해 주시겠습니까?
   <u>특정한 시간과 장소를 정했고 그에게 4영리를 복습하고 하나님께 감사하도록 했다. 다음에 만날 때 무엇을 할 것인지 말해주었다.</u>

7. 둘씩 짝지어 연습 학생용 교재 43p

(5분 이내의 시간을 주라.)

▶ 이제 이 시범 대사를 연습해 보겠습니다. 시범 대사는 여러분의 교재에 있습니다.

▶ 둘씩 짝을 지어서 연습하겠습니다. 먼저 왼쪽 사람이 영수가 되십시오. 역할을 바꿀 때를 제가 알려드리겠습니다.

▶ 연습을 시작하십시오.
(5분 후 짝을 바꾸어 연습하게 하라.)

8. 실천 사항 학생용 교재 43p

1 복음을 전하고 난 후 기초 육성 만남에 초대하고 싶은 사람을 위해 기도하라.

2 두 명 이상에게 복음을 전하고, 첫 번째 육성 만남에 초대하라.

강의 8 학생용 교재 44p

하나님과의 관계를 최우선에 두기

개관 목적

하나님과의 관계를 최우선에 두도록 돕는다.

학습 목표

1.'최우선'의 정의를 내릴 수 있다.

2. 하나님과 함께하는 시간을 최우선으로 두어야 하는 이유를 설명할 수 있다.

3. 하나님과의 관계를 발전시키는 실제적인 단계를 말할 수 있다.

개요

서론 : 사례 연구 (14분)

1. 최우선의 정의 (3분)

어떤 활동이나 관계가 다른 것보다 더 높은 가치를 지니기 때문에 시간과 노력을 가장 우선적으로 배당해야 하는 것이다.

2. 하나님과 시간을 보내야 하는 이유 (20분)
   1) 영적 생활의 원천이시기 때문이다.
   2) 풍성한 삶의 원천이시기 때문이다.
   3) 영원한 생명의 원천이시기 때문이다.
   4) 우리를 위해 많은 일을 하셨기 때문이다.
   5) 예수님이 본을 보이셨다.

3. 하나님과 당신의 관계를 발전시키는 실제적인 단계 (5분)
   1) 의지적 결정
   2) 말씀
   3) 기도
   4) 순종
   5) 성령의 능력

4. 토의 : 나의 최우선 순위 (8분)

우리는 모두 하나님과 친밀한 관계를 갖기 원한다. 그러나 하나님과의 관계를 발전시키기 위해 노력하는 사람은 많지 않다. 다음의 사례를 통해 하나님과의 관계가 발전하고 성장하는데 필요한 것이 무엇인지 살펴보자.

서론 : 사례연구 학생용 교재 45p

명규와 혜선이가 결혼했을 때 그들은 그 결혼이 지금까지 한 일 중에서 가장 탁월한 선택이었다고 믿었다. 그들은 서로를 너무나 사랑하고 자랑스럽게 여겼기에 그들의 사랑은 결코 식지 않을 것이라고 생각했다. 달이 가고 해가 지남에 따라 명규는 점점 사업에 몰두하게 되었고 혜선이도 자녀들을 돌보는 데 대부분의 시간을 사용하게 되었다. 물론 그들은 아직도 서로를 사랑했고 서로를 돕기 위해 노력했다. 명규는 집이나 차에 문제가 없도록 늘 수리해 놓았고, 혜선에게는 그녀의 생일이나 명절에 값비싼 선물을 사 주었다. 혜선이는 명규를 위해 특별한 음식을 준비하곤 했고, 그를 위해 집을 말끔히 정리해 두었다. 그들은 이웃에서 하는 공동 사업에도 함께 참여하여 부부의 화목함을 나타내곤 했다.

그러나 시간이 지남에 따라 그들은 서로를 기쁘게 해주는 그런 특별한 노력을 등한히 하기 시작하였다. 그들은'나의 바쁜 일정을 이해해 주겠지.'라고 서로 생각했다. 그들은 함께 보내는 시간을 별로 갖지는 못했으나 결혼한 부부로서 정상적인 관계를 유지하고 있다고 느꼈다.

그럼에도 불구하고 결혼한 지 6년이 지나자 그들은 서로를 대하는 태도가 올바른 것인지 의심을 갖기 시작했고 결혼 상담가를 찾아가게 되었다.

명규와 혜선의 관계에 금이 가기 시작한 때는 언제쯤인가?

그들이 함께 있는 시간을 최우선 순위에 두지 않게 되었을 때

이 결혼 관계를 우리와 하나님과의 관계에 어떻게 비교할 수 있는지 생각해 보라. 우리와 하나님과의 관계가 명규와 혜선이의 관계처럼 되지 않도록 하려면 무엇을 해야 하는가?

① 하나님과 계속해서 일정한 시간을 가질 것

② 하나님과 함께 지내는 시간을 하나님을 위해 일하는 것으로 대치하지 말 것

③ 하나님과 함께 지내는 시간을 자신의 일정에 우선순위로 할 것

명규와 혜선은 사회봉사, 직장, 자녀들과 같이 여러 가지 좋은 일에 몰두해 있었다. 그러나 이런 좋은 일들이 그들의 부부관계에 금이 가게 하는 요인이 되었다.

마찬가지로 우리도 역시 좋은 일에 참여하고 있다. 그러나 그러한 좋은 일들이 하나님과 친밀한 관계를 발전시키는 데는 장애물이 될 수도 있다. 중요한 것은 '우리가 하나님의 일을 하는 데 얼

마나 바쁜가'가 아니라 '하나님과의 관계를 최우선에 두는가'하는 것이다. 우리가 가장 좋은 일을 하며 살아가는 방법은 올바른 우선순위에 따라 사는 것이다.

그러면 최우선 순위란 무엇인가?

1. 최우선의 정의 학생용 교재 45p

어떤 활동이나 관계가 다른 것보다 더 높은 가치를 지니기 때문에 _시간_과 _노력_을 가장 우선적으로 배당해야 하는 것이다.

당신은 아무리 바쁘더라도 가장 원하는 일을 위해서는 시간을 낸다. 만약에 대한민국의 대통령이 당신을 만나기를 원한다면 당신은 무슨 일이 있어도 시간을 낼 것이다. 그러나 우리의 사랑하는 아버지이시며 창조주이신 하나님께서 당신과 함께 시간을 보내고자 하실 때 당신은 얼마나 기꺼이 시간을 내고 있는가?

왜 우리는 하나님과 함께하는 시간을 최우선으로 두어야 하는가?

2. 하나님과 시간을 보내야 하는 이유 학생용 교재 46p

1 그가 우리의 _영적인 생명_의 완전한 원천이시기 때문이다(엡 2:5).

"허물로 죽은 우리를 그리스도와 함께 살리셨고 (너희는 은혜로 구원을 받은 것이라)"

그리스도가 없다면 우리는 영적으로 죽은 것이다. 우리가 먹고, 마시고, 자고, 일하고, 놀고, 예배를 드릴 수도 있지만 우리안에 그리스도가 없다면 우리에게는 생명이 없다. 이와 같은 상태를 영적으로 죽었다고 말한다. 우리 안에는 하나님의 생명이 없고 하나님과의 관계를 맺을 능력도 없다. 세상에서 가장 명석하고, 재능이 있는 사람이라도 그리스도를 알지 못하면 그는 영적으로 죽어 있는 것이다.

그러나 우리가 그리스도를 영접하면 죽음에서 생명으로 옮겨진다. 또 어둠에서 빛으로 옮겨진다. 그리스도가 우리 안에 없다면 영적인 생명이 없으나 생명의 원천이신 그리스도께서 우리 안에 계시다면 우리는 그의 생명으로 충만해진다. 그리스도가 영적인 생명의 절대적인 원천이라는 것을 생각할 때 우리는 그를 더 알고 싶어진다.

그리스도가 우리의 영적인 생명의 원천일 뿐만 아니라 그는 이 세상에서 우리의 풍성한 삶의 원천이기도 하다.

2 그가 이 세상에서 우리의 __풍성한 삶__의 완전한 원천이시기 때문이다(요 10:10하).

"내가 온 것은 양으로 생명을 얻게 하고 더 풍성히 얻게 하려는 것이라"

우리가 경험하는 모든 풍성함은 예수 그리스도로부터 온 선물이다. 그러나 그는 우리에게 안일한 삶을 약속하시지 않았다. 오히려 모험과 목적 있는 삶을 주셨다. 그는 우리의 생애에 닥치는 문제와 위험을 극복할 수 있는 승리의 삶을 주셨다.

예수 그리스도는 우리의 영적 생활과 풍성한 삶의 원천인 동시에 우리의 영원한 생명의 원천이기도 하다.

3 그가 우리의 __영원한 생명__의 완전한 원천이시기 때문이다(요 11:25).

"예수께서 이르시되 나는 부활이요 생명이니 나를 믿는 자는 죽어도 살겠고"

인간 최대의 적은 죽음이다. 누구도 죽음을 피해갈 수 없다. 모든 종족, 종교, 사회, 계층에 관계없이 모든 사람은 다 죽음에 희생되어 쓰러진다. 죽음은 세상 사람들에게 두려움과 절망과 슬픔을 가지고 찾아온다.

그러나 예수 그리스도가 죽음에서 부활하심으로 영원한 생명을 누릴 것이라고 약속하셨다. 그리스도가 우리의 영원한 생명의 원천이시기 때문에 우리는 죽음을 두려워할 필요가 없다. 주님이 우리를 위해 죽음을 이겨내셨다. 우리의 영생은 주님 안에서 확실하게 보장되어 있다. 그리스도가 믿는 자의 삶의 모든 영역 즉, 영적인 생명, 이 세상의 풍성한 삶과 영원한 생명의 완전한 원천이시므로 우리는 그에게 가까이 가려고 힘쓰며 그와 시간을 보내야 할 것이다.

4 그가 우리를 위해 너무나 많은 일을 하셨기 때문이다(엡 1:3~14).

에베소서 1:3~14은 우리 생활의 원천이 하나님이라는 사실을 요약하고 있다. 이 성경말씀을 보면서 하나님께서 우리를 위해 무엇을 하셨는지 그룹별로 나누어 보자.

토의 **그룹별로 다음 성경 구절을 보면서 하나님께서 우리를 위해 하신 수많은 일들을 찾아보자.**

제 1그룹 : 에베소서 1:3~4	제 4그룹 : 에베소서 1:9~10
제 2그룹 : 에베소서 1:5~6	제 5그룹 : 에베소서 1:11~12
제 3그룹 : 에베소서 1:7~8	제 6그룹 : 에베소서 1:13~14

[3]찬송하리로다 하나님 곧 우리 주 예수 그리스도의 아버지께서 그리스도 안에서 하늘에
속한 모든 신령한 복을 우리에게 주시되 [4]곧 창세 전에 그리스도 안에서 우리를 택하사
우리로 사랑 안에서 그 앞에 거룩하고 흠이 없게 하시려고 [5]그 기쁘신 뜻대로 우리를 예
정하사 예수 그리스도로 말미암아 자기의 아들들이 되게 하셨으니 [6]이는 그가 사랑하시
는 자 안에서 우리에게 거저 주시는 바 그의 은혜의 영광을 찬송하게 하려는 것이라 [7]우
리는 그리스도 안에서 그의 은혜의 풍성함을 따라 그의 피로 말미암아 속량 곧 죄 사함
을 받았느니라 [8]이는 그가 모든 지혜와 총명을 우리에게 넘치게 하사 [9]그 뜻의 비밀을
우리에게 알리신 것이요 그의 기뻐하심을 따라 그리스도 안에서 때가 찬 경륜을 위하여
예정하신 것이니 [10]하늘에 있는 것이나 땅에 있는 것이 다 그리스도 안에서 통일되게 하
려 하심이라 [11]모든 일을 그의 뜻의 결정대로 일하시는 이의 계획을 따라 우리가 예정을
입어 그 안에서 기업이 되었으니 [12]이는 우리가 그리스도 안에서 전부터 바라던 그의 영
광의 찬송이 되게 하려 하심이라 [13]그 안에서 너희도 진리의 말씀 곧 너희의 구원의 복음
을 듣고 그 안에서 또한 믿어 약속의 성령으로 인치심을 받았으니 [14]이는 우리 기업의 보
증이 되사 그 얻으신 것을 속량하시고 그의 영광을 찬송하게 하려 하심이라

(각 그룹의 발표자가 나눈 후에 그들이 빠뜨린 것이 있으면 보충하라.)

① 하나님께서 모든 영적인 축복을 주셨다(3절).
② 하나님께서 우리를 선택하셨다(4절).
③ 하나님께서 우리를 그의 자녀 삼으셨다(5절).
④ 하나님께서 우리에게 은혜를 베푸셨다(6절).
⑤ 하나님께서 우리를 구속하셨다(7절).
⑥ 하나님께서 우리를 용서하셨다(7절).
⑦ 하나님께서 우리에게 그의 은혜의 풍성함을 부으셨다(7-8절).
⑧ 하나님께서 우리에게 그의 뜻의 신비함을 깨닫는 특권을 주셨다(9절).
⑨ 하나님께서 우리로 그의 기업(소유)이 되게 하셨다(11절).
⑩ 하나님께서 우리를 그의 목적에 따라 미리 정하셨다(11절).
⑪ 하나님께서 우리를 약속의 성령으로 인치셨다(13절).

하나님께서 우리를 위해 얼마나 많은 일을 하셨는가? 이렇게까지 우리를 사랑하시는 분을 알고 싶어 하지 않을 사람이 누가 있겠는가?

우리에게는 하나님과 함께 홀로 시간을 보내야 하는 또 다른 이유가 있다.

5 예수님 께서 이 원리의 중요성을 본보기 로 보여 주셨기 때문이다(요 5:19).

"그러므로 예수께서 그들에게 이르시되 내가 진실로 진실로 너희에게 이르노니 아들이 아버

지께서 하시는 일을 보지 않고는 아무 것도 스스로 할 수 없나니 아버지께서 행하시는 그것을 아들도 그와 같이 행하느니라"

성경은 예수님의 위대한 능력이 하나님 아버지와의 관계를 최우선으로 하는 데서 온다는 것을 분명히 하고 있다. 만일 예수님의 사역이 이러하다면 우리도 이 본을 따라야 할 것이다. 사람들을 향한 우리의 사역은 반드시 하나님과의 관계에 기초를 두어야 한다. 폭포의 물줄기가 그 상류의 수량에 비례하는 것처럼 우리의 생애와 사역도 하나님과 우리의 관계에 비례한다.

세계적인 명성을 가진 피아니스트가 아직도 연습을 해야 할 필요가 있는가라는 질문을 받았다. 그가 대답했다. "네, 매일 해야 합니다. 하루 연습하지 않으면 제 자신이 느끼게 되고, 이틀을 연습하지 않으면 저의 가족이 압니다. 사흘을 연습하지 않으면 청중이 알게 되지요." 우리가 하나님과의 관계를 풍성하게 갖기 위해 노력하는 것은 우리에게 경건한 삶을 살며 열매 맺는 사역을 할 수 있도록 해준다. 그것은 마치 피아니스트가 연주회 준비를 위해 매일 연습하는 것과 같다.

하나님과 관계는 당신의 사역에 영향을 미친다. 왜냐하면 하나님과의 관계가 생활의 모든 영역에 반영되기 때문이다.

이제 하나님과 당신의 관계를 발전시키는 실제적인 단계를 살펴보자.

3. 하나님과 당신의 관계를 발전시키는 실제적인 단계 학생용 교재 47p

1 하나님과 당신의 관계가 최우선되어야 한다는 것을 당신의 __의지__로 결정하라.

진심으로 하나님을 더 잘 알기 원하는가? 그렇다면 하나님과의 관계가 최우선 순위가 되도록 당신의 의지를 드리라. 이것은 결단이 필요하다.

2 그의 말씀을 통해 하나님께서 당신에게 __매일__ 말씀하시도록 하라.

성경을 읽을 때 노트와 펜을 함께 준비하라. 시편이나 요한복음부터 시작하라. 특별히 마음에 들어오는 구절이 의미하는 것을 자신의 말로 기록하라. 그리고 그 말씀을 어떻게 적용할 것인지 기록하라. 당신은 살아서 역사하는 하나님의 말씀을 경험하게 될 것이다.

3 매일 __기도__를 통해 정직한 마음으로 하나님과 대화하라.

매순간 하나님과 대화를 나누라. 당신의 마음에 있는 모든 것을 정직하게 말하라. 그가 보살피신다.

4 하나님께서 원하시는 일은 __무엇이든지__ 온 힘을 다하여 하라.

예를 들어 말씀을 통해 전도하고 제자를 육성하라고 명령하시면 순종하라. 그는 당신을 사랑하시기 때문에 당신에게 유익하지 않은 것을 하라고 하시지 않는다.

5 매일 __성령__의 능력으로 행하라.

성령 충만하여 하나님과 교제하는 가운데 생활하는 것이 승리하는 그리스도인의 비결이다. 성령께서 우리의 생애를 지배하시지 않는다면 그리스도인으로 살아가는 것은 불가능하다. 당신이 이 다섯 가지 실제적인 단계를 실생활에 적용하기 시작하면 하나님과의 관계는 꽃을 피울 것이다. 당신은 효과적이며 열매 맺는 사역을 할 수 있게 되고, 경건한 인격을 갖게 될 것이다.

4. 나의 최우선 순위 학생용 교재 47p

(다음 질문에 대한 대답을 적어보고 그룹별로 나누도록 하라.)

1 일주일은 168시간이다. 당신은 매주 하나님과 얼마나 시간을 보내고 있는가?

2 하나님과 함께하는 시간을 얼마나 더 갖기 원하는가?

3 이를 위해 줄이거나 바꿔야 할 활동은 무엇인가?

강의 9 학생용 교재 48p

『새생활의 시작』 개관

개관 목적

『새생활의 시작』을 개관하고 1권을 인도할 수 있다.

학습 목표

1. 기초 육성에서 기억해야 할 4가지 원칙들을 알게 된다.
2. 『새생활의 시작』 1-6권의 핵심을 말할 수 있다.
3. 『새생활의 시작』 1권을 인도하는 방법을 알게 된다.
4. 『새생활의 시작』 1권을 인도할 수 있다.

개요

서론 (3분)

1. 『새생활의 시작』을 인도할 때 기억해야 할 원칙 (5분)
   1) 열정적으로 하라.
   2) 새 신자의 필요를 채우는 것이 중요하다.
   3) 이해와 사랑의 분위기를 조성하라.
   4) 영적 재생산하는 주님의 제자가 될 수 있음을 기억하라.

2. 『새생활의 시작』개관 (15분)
   1) 1권 : <그리스도와 함께하는 새생활의 시작>
      하나님과 우리 사이의 올바른 관계 확신
      (새로운 관계, 새로운 생명, 새로운 체험)
   2) 2권 : <그리스도와 교제하는 새생활의 시작>
      관계와 교제의 차이점을 알고 죄 고백을 통한 교제의 회복
   3) 3권 : <성령 안에서 사는 새생활의 시작>
      성령 충만을 받는 방법
   4) 4권 : <그리스도 안에서 성장하는 새생활의 시작>
      성장을 위한 영적 자양분 : 기도, 성경공부, 순종
   5) 5권 : <하나님의 말씀 안에서 사는 새생활의 시작>
      성경을 공부하는 방법 : 관찰, 해석, 적용
   6) 6권 : <기도하는 새생활의 시작>
      하나님과 대화하기: 경배와 찬양, 죄 고백, 감사, 간구(ACTS)

3. 『새생활의 시작』 인도하는 방법 (5분)
   1) 친근감을 형성한다.
   2) 4영리를 읽고 감사했는지 묻는다.
   3) 『새생활의 시작』 1권을 함께 공부한다.
   4) 『새생활의 시작』 1권을 마친다.

4. 『새생활의 시작』 1권 시범 (22분)

서론 학생용 교재 49p

기초 육성은 새 신자를 성숙한 그리스도인으로 세우기 위한 과정이다.

여러분이 짓고 싶은 멋진 집을 떠올려 보라. 아무리 멋진 집을 상상하더라도 집을 짓는 데 필요한 재료와 수고가 없으면 실제 집은 세워지지 않는다. 성경은 성도를 그리스도 안에서 지어져 가는 집으로 비유한다(엡 2:20). 여러분이 순원에 대한 좋은 목표를 가지고 있더라도 생각만으로는 아무 일도 일어나지 않는다.

사도 바울은 힘을 다해 새 신자들을 육성하고 그들을 성숙한 그리스도인으로 세우기 위해 모든 지혜로 가르쳤다.

"우리가 그를 전파하여 각 사람을 권하고 모든 지혜로 각 사람을 가르침은 각 사람을 그리스도 안에서 완전한 자로 세우려 함이니"(골 1:28)

우리도 바울처럼 새 신자를 성숙한 그리스도인으로 세우도록 돕는 특권을 받았다. 이를 위해 우리도 힘을 다해 순원을 돌보고 모든 지혜로 가르치는 일이 필요하다.

이 시간에는 기초 육성에 도움이 되는 교재와 그것의 사용 방법에 대해 알아보자. 그 전에 기초 육성을 할 때 기억해야 할 원칙을 다시 한 번 살펴보자.

1. 『새생활의 시작』을 인도할 때 기억해야 할 원칙 학생용 교재 49p

1 우리의 전달 방식은 전달 내용 못지않게 중요하다.

열정적으로 하라!

2 새 신자의 필요를 채워주는 것은 진도를 나가는 것보다 더 중요하다.

순모임을 하다보면 같은 내용을 가르치더라도 각 사람의 이해와 질문이 다르다는 것을 알게 된다. 어떤 사람은 그리스도를 영접한 즉시 구원의 확신과 하나님의 사랑과 용서를 이해하지만 어떤 사람은 그렇지 않다. 그러므로 우리는 각 사람의 필요를 살피며 순모임을 진행해야 한다.

3 이해와 사랑의 분위기를 조성하라.

예수님은 제자들에 대한 개인적인 관심과 사랑이 먼저였고, 사역은 그 다음이었다. 예수님처럼 우리도 순원을 사랑해야 한다. 순원에게 관심을 갖고 함께 시간을 보내며 그에 대해 알아 가야 한다. 순모임에서의 큰 실수는 순원에 대한 사랑 없이 진도만 나가는 것이다. 우리가 그리스도에 대해서 이야기한 만큼, 충분한 시간을 내어 그와 그의 관심사에 관해 이야기를 나누어야 한다. 우리가 개인적으로 순원에게 관심을 갖는 만큼 순원은 그리스도를 사랑할 것이다.

(다음의 예나 당신 자신의 경험을 이야기하라.)
현주는 선희라는 새 신자를 육성했다. 현주는 세 번째 개인 육성 만남을 인도하는 중에 선희가 점점 흥미를 잃고 있다는 것을 발견했다. 어느 날 오후 현주는 선희를 데리고 쇼핑을 나갔다. 그들은 오후 내내 쇼핑하고 이야기를 나누면서 서로를 더 잘 알게 되었다. 선희는 현주와 함께 시간을 보내면서 그녀가 자신을 단지 한 책자를 끝내는 대상으로서가 아니라 한 사람으로 자신을 좋아하고 관심이 있다는 것을 알게 되었다. 그 후 선희는 현주를 진정한 친구로 여겼고 다음 육성 만남에 대해서도 훨씬 더 흥미를 갖게 되었다. 그들이 함께 보낸 시간이 모든 것을 변화시켰다.

4 새 신자는 <u>영적 재생산</u> 하는 주님의 제자가 될 수 있다는 사실을 명심하라.

2.『새생활의 시작』 개관 　　　　학생용 교재 49p

『새생활의 시작』은 새 신자가 하나님과의 관계를 성장시켜 나가도록 돕기 위한 육성의 가장 기초적인 교재이다.
갓 태어난 아기에게 숨을 쉬고 무언가를 먹는 것이 가장 중요한 것처럼 새 신자도 그러하다. 『새생활의 시작』은 새 신자에게 영혼의 호흡과 성장에 필요한 양식을 섭취하는 방법을 제공해 준다.

1 1권 : <그리스도와 함께하는 새생활의 시작>
하나님과 우리 사이의 올바른 <u>관계</u> 확신(새로운 관계, 새로운 생명-영생, 새로운 체험)
누군가 그리스도를 영접했다면 여러분은 24~ 48시간 내에 다시 그를 찾아가 만나야 한다. 이때 1권, <그리스도와 함께 하는 새 생활의 시작>을 나누라.
새 신자에게 4영리를 읽고 그리스도께서 그의 생활 가운데 들어오심을 감사하였는지 물어보라. <그리스도와 함께하는 새생활의 시작>은 새 신자가 그리스도를 영접할 때 일어나는 새로운 관계, 새로운 생명, 새로운 체험을 확신하도록 도와준다.
첫 만남에서 1권을 끝마칠 수 없다면 두 번째 만남에서 끝마치도록 하라. 우리의 목표는 진도를 나가는 것이 아니라 각 권의 내용을 이해하도록 돕는 데 있다.

* 새 신자를 데리고 가서 전도하기 시작하라.

이제 여러분은 새 신자로 하여금 그의 믿음을 나누는 법을 알게 해야 한다. 여러분의 전도 경험에 대해 이야기하라. 하나님께서 어떻게 여러분의 믿음을 나누는 기회를 주셨는지 열성적이고 긍정적으로 이야기하라. 이 만남에 이어, 당신은 새 신자를 데리고 가서 전도하는 계획을 세워야 한다. 그를 데리고 가서 함께 전도할 때 계속 열성을 보이라. 가능하다면 먼저 전도 약속을 정해놓는 것이 가장 좋다. 새 신자에게 여러분이 전도할 때 옆에서 관찰하면서 기도해 주기를 원한다고 말함으로 새신자의 마음을 편하게 해주라.

전도한 후에, 그가 관찰하고 배운 내용이 무엇인지 물어보고 함께 토의하라. 순원에게 전도의 결과에 상관없이, 하나님께서는 우리의 순종을 기뻐하신다는 것과 결과는 성령님께 달려있고 우리에게 있지 않다는 것을 알게 하라. 정기적으로 그를 데리고 가서 전도하라.

1권은 하나님과의 관계에 대한 확신을 다뤘다면 2권과 3권은 죄를 고백하고 성령의 충만을 받는 '영혼의 호흡'을 다룬다.

2 제 2권 : <그리스도와 교제하는 새생활의 시작>

__관계__ 와 __교제__ 의 차이점을 알고 __죄 고백__ 을 통한 교제의 회복

2권은 "그리스도인이 죄를 지으면 하나님과 관계는 어떻게 될까?"라는 질문에 대한 답을 준다. 그리스도인이 죄를 지으면 하나님과의 관계(Relationship)는 변함없지만 교제(Fellowship)는 중단된다. 영혼의 호흡 중 내쉼인 죄 고백을 통해 하나님과의 교제를 회복할 수 있다.

3 3권 : <성령 안에서 사는 새생활의 시작>

__성령 충만__ 을 받는 방법

영혼의 호흡 중 들이쉼인 성령 충만을 받는 방법에 대해 다룬다. 성령 충만은 하나님의 명령(엡 5:18)과 약속(요일 5:14~15)에 근거하여 믿음으로 받는다.

4~6권은 그리스도인의 성장에 필요한 영적인 자양분에 대해 설명해 준다.

4 4권 : <그리스도 안에서 성장하는 새생활의 시작>

성장을 위한 영적 자양분 : __기도__, __성경공부__, __순종__

4권은 새 신자의 영적인 성장을 위해 필요한 기도, 성경공부, 그리고 순종의 중요성을 강조한다.

5 5권 : <하나님의 말씀 안에서 사는 새생활의 시작>

성경을 공부하는 방법: __관찰__, __해석__, __적용__

5권은 새 신자에게 성경의 중요성을 알려준다. 우리는 성경을 통해 하나님과 그분의 계획을 알게 된다. 또한 성경 공부하는 방법인 관찰, 해석, 적용에 대해 배우고 성경공부를 실천하게 된다.

6 6권 : <기도하는 새생활의 시작>

하나님과 대화하기 : 경배와 찬양 (Adoration), 죄 고백 (Confession), 감사 (Thanksgiving), 간구 (Supplication)

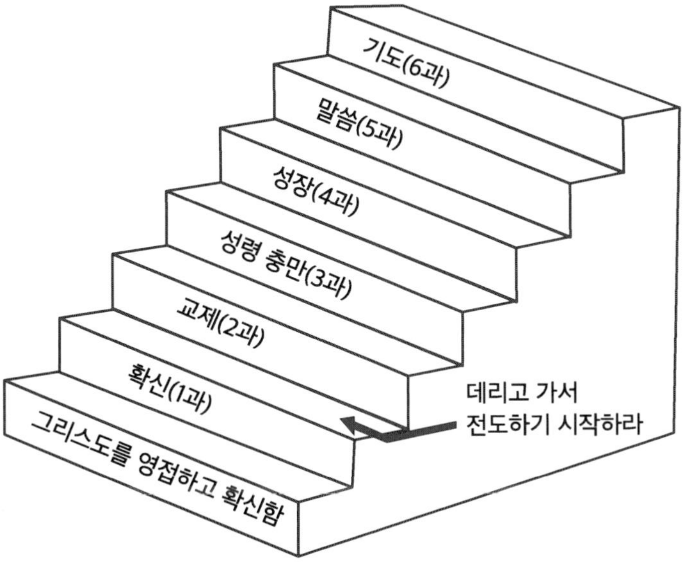

3. 『새생활의 시작』을 인도하는 방법 학생용 교재 50p

새 신자에게 예수 그리스도가 그의 마음속에 계시다는 사실을 확신하게 하는 것이 중요하다.

1 새 신자에게 안부를 묻고 당신 자신의 삶도 나눔으로써 친근감 을 형성한다.

만나서 첫 몇 분 동안에 친밀감을 키우는 것이 매우 중요한 일이다. 그에게 지난 번 헤어진 이후 어떤 일들이 있었는지 물어보라. 성령께 새 신자의 필요에 민감할 수 있도록 도와주실 것을 기도하고 새 신자가 어려운 점을 이야기하면 여러분 자신의 경험이나 그와 관련된 하나님의 말씀을 나누라.

2 4영리를 읽고 그리스도께서 그의 마음속에 들어오신 것에 대해 감사했는지 물어 본다.

3 『새생활의 시작』 1권을 함께 공부한다.

『새생활의 시작』을 다룰 때 다음의 내용을 참고하라.

① 당신과 새 신자가 돌아가며 질문을 읽는다.

② 『새생활의 시작』에 나오는 성경 구절은 당신이 찾아준다.

③ 새 신자가 성경 구절들을 읽게 한다.

④ 당신이 다시 그 질문을 읽는다.

⑤ 새 신자가 질문에 답하게 한다. 필요한 경우 같이 토론한다.

⑥ 당신이 정확한 답을 말해준다.

⑦ 새 신자가 자신의 책자에 답을 기록하게 한다.

4 『새생활의 시작』 1권을 마친다.

『새 생활 시리즈』 1권을 끝낼 때 강조해야 할 것을 함께 살펴보자.

① 새 신자에게 함께 공부한 시간이 의미가 있었음을 알게 한다.

② 새 신자가 하나님을 더 잘 알도록 돕기 원한다는 사실을 말하고 <u>다시 만날 것</u> 을 요청한다.

③ 구체적으로 다음에 만날 <u>시간과 장소</u> 를 정하여 기록한다.

④ 다음 순모임 전까지 Action Point를 행하도록 강조한다.
(낱권에는 Action Point가 없다.)

⑤ 끝에 나오는 "성장을 위한 제안"을 다음 만남 전까지 읽어 오도록 한다.
(낱권에는 "더 읽을 것들" 부분이다.)
Action Point와 성장을 위한 제안은 『새생활의 시작』을 공부하는데 중요한 역할을 한다. 직접 실천해 보도록 돕고, 확신할 수 있도록 인도하라. 강요가 아닌 동기부여를 통해 할 수 있도록 도우라.

⑥ 당신이 <u>전도</u> 하러 갈 때 새 신자도 함께 가서 당신이 전도하는 것을 관찰할 것을 요청한다.
전도하는 것은 제자훈련의 중요한 도구이다. 가능한 한 자주 전도를 함께 하라.

⑦ 기도로 마친다.

▶ 이제 새 신자와 『새생활의 시작』 첫 번째 만남을 어떻게 인도해야 하는지 시범하겠습니다. 『새생활의 시작』 책자 1권의 인도 방법은 2~6권까지의 인도 방법에도 그대로 활용하실 수 있습니다.

4. 1권 <그리스도와 함께하는 새생활의 시작> 시범 학생용 교재 51p

(강의 전에 시범짝을 선택하고, 시범을 연습해두라. 학생들에게 「새생활의 시작 1권 교재를 나누어 주라.)

(시범을 위한 지침 사항)

1. 시범짝에게 도와 줄 것을 청하라.
2. 시범은 구체적이며 현실적으로 하라. 학생들이 책자를 어떻게 사용하는지 모른다고 여기라.
3. 당신의 시범이 실제 순모임에서 거의 그대로 적용될 것을 기억하라.

▶ 시범을 위해 다음과 같이 가정하겠습니다.

① 제 짝이 바로 전날 주님을 영접했고 오늘이 첫 번째 육성만남이라고 가정하겠습니다.
② 지금 우리는 조용한 카페나 기숙사, 또는 캠퍼스에 있다고 가정하겠습니다.
③ 이미 몇 분간 이야기를 나누었고 서로 여러 가지 공통된 관심사를 알게 되었다고 가정하겠습니다.

▶ 지금부터 시범을 시작 하겠습니다.

당신 : 영수씨 다시 만나기를 기다렸습니다. 어제 우리가 나눈 대화에 대해 더 생각을 해 보셨습니까?

영수 : 네, 그랬습니다. 솔직히 말씀드리면 예수님께서 하신 일이 모두 나를 위한 것인지 잘 모르겠습니다.

당신 : 네 무슨 말씀인지 잘 알겠습니다. 어제 말씀드린 것처럼 영수씨는 그리스도를 마음속에 영접함으로 하나님과 새로운 관계를 시작했습니다. 그러나 하나님을 알아가는 데는 시간이 걸립니다. 저도 영수씨와 같은 생각을 한 적이 있습니다. 그렇기 때문에 제가 영수씨를 다시 만나 하나님을 더 잘 알 수 있도록 도와드리려고 하는 것입니다. 저에게도 도움을 준 친구가 있었습니다.
4영리를 다시 읽고 예수 그리스도께 영수씨 마음속에 들어오심에 대해 다시 한 번 감사를 드렸나요?

영수 : 어제 오후에 4영리를 읽어보았습니다.

당신 : 어제 우리가 나눈 대화중에서 질문이 있습니까?

영수 : 지금은 없습니다.

당신 : 그렇군요. 오늘 우리가 나누려 하는 것은 <그리스도와 함께 하는 새 생활의 시작>이라고 하는 이 책자입니다. 책자의 질문들을 함께 읽어 나가 보겠습니다.

(영수에게 『새생활의 시작』 1권 책자의 서문을 읽어 주고 난 후 1쪽을 펴게 하라.)

당신 : 영수씨, 제가 질문을 읽고 제 성경에서 구절들을 찾겠습니다. 그런 다음 토론해 보고 영수씨는 답을 책자에 적으십시오.

영수 : 네, 그것 재미있을 것 같군요.

(2페이지에 있는 첫 두 문단을 읽으라.)

당신 : 이러한 방법으로 영수씨의 마음과 생활 속에 그리스도를 영접한 일이 있습니까?

영수 : 네.

당신 : 그 답을 영수씨의 책자에 적으십시오.

당신 : 그렇다면 영수씨의 경우 그리스도는 지금 어디에 계십니까?

영수 : 제 마음에요.

당신 : 요한계시록 3장 20절에 의하면 그리스도가 영수씨의 안에 계신 것을 어떻게 알 수 있습니까?

영수 : 그가 들어오시겠다고 말씀하셨으니까요.

당신 : 그렇습니다.

(답을 그의 책자에 기록하게 하라.)

당신 : 질문을 계속 살펴보겠습니다.

영수 : 좋습니다.

(이와 같은 방법으로 1권의 결론까지 인도하라.)

당신 : 예수님을 영접하면 하나님과 새로운 관계를 맺고 새로운 생명을 얻으며 새로운 체험을 하게 됨을 배웠습니다. 영수씨에게 도움이 되었나요?

영수 : 도움이 되었어요.

당신 : Action Point 부분을 펴 볼까요? 일주일 동안 하나님께서 행하신 일을 날마다 한 가지씩 감사하십시오. 그리고 더 하나님을 알고 확신 할 수 있도록 요한복음1-3장과 신앙개념 1권 '그리스도인임을 확신하는 방법'을 읽어보시기 바랍니다.

영수 : 네, 그러겠습니다.

당신 : 예수님을 영접하여 하나님과 새로운 관계가 시작되었는데 만일 죄를 지으면 어떻게 될까요? 이 관계가 끊어질까요?

영수 : 글쎄요.

당신 : 궁금하시지요? 『새생활의 시작』 2권에서는 바로 이 문제를 다룹니다. 다음 주에 다시 만나 우리 함께 이야기해보지요. 그리고 영수씨와 같은 새 신자들의 모임이 있습니다. 같이 모여 이야기하고 서로를 위해 기도하고 성경도 공부하지요. 이러한 모임에 참석하면 아주 재미있고 많은 도움이 될 것입니다. 다음 주에는 약 45분이나 1시간 정도 영수씨와 만날 수 있으면 좋겠습니다.

영수 : 예. 좋습니다.

당신 : 그럼 다음 주 화요일 오후 3시에 여기서 만날까요? 괜찮으시겠습니까?
영수 : 네, 그때 나오겠습니다.
당신 : 영수씨, 시간과 장소를 메모하시지요. 저도 메모하겠습니다.
영수 : 네, 적었습니다.
당신 : 영수씨, 저는 이 학교 학생들에게 4영리를 사용하여 그리스도에 대해 나누고 있습니다. 이제 전도하려고 하는데 저와 같이 가보시겠습니까?
영수 : 네, 같이 가서 한번 보고 싶습니다.
당신 : 그럼 지금 기도하고 모임을 마친 후에 가도록 하겠습니다.
영수 : 네, 기대가 됩니다.
당신 : 제가 기도하겠습니다.

▶ 시범을 마치겠습니다. 제가 어떻게 했습니까? 여러분이 관찰한 것을 말씀해 주십시오.

(필요하면 다음과 같은 질문을 해보라.)
1. 『새생활의 시작』 1권을 공부하기 전에 제가 어떤 질문을 했습니까?
2. 제가 『새생활의 시작』 1권을 어떻게 진행했습니까?
3. 『새생활의 시작』 1권을 어떻게 마무리했나요?
4. 『새생활의 시작』 1권을 마친 후에 제가 무엇을 했습니까?

▶ 다음 시간에는 『새생활의 시작』 1권 인도를 실습해 보겠습니다.

(기도로 강의를 마치라.)

강의 10 학생용 교재 52p

『새생활의 시작』 실습

개관 목적

『새생활의 시작』 1권을 실제적으로 인도할 수 있다.

학습 목표

1. 『새생활의 시작』 1권을 사용하여 첫 번째 순모임을 인도할 수 있다.
2. 새 신자와 친밀감을 형성할 수 있다.
3. 새 신자에게 다음 순모임에 나오도록 동기 부여할 수 있다.
4. 첫 번째 순모임을 마무리할 수 있다.

개요

1. 실습하기 (40분)
   1) 당신의 짝과 『새생활의 시작』 1권 인도하기 연습
   2) 지난 강의에서 배운 기초 순모임의 원리들 적용

2. 시범 대화

3. 실습 나눔 (10분)

1. 실습하기 학생용 교재 53p

1 당신의 짝과 『새생활의 시작』 1권 인도하기를 연습하라.

2 친밀감을 형성하면서 『새생활의 시작』을 인도하라.

3 지난 강의에서 배운 기초순모임의 원리들을 적용하라.

4 『새생활의 시작』 1권 인도하기를 마무리하라.

5 짝을 바꾸어 다시 연습하라.

▶ 순모임을 처음부터 끝까지 인도해보는 것은 매우 중요합니다.
다음의 시범 대화를 사용하여 순모임을 인도하십시오.

▶ 실습 중에 질문이 있으면 손을 들어 표시하십시오.

▶ 20분이 지나면 인도자를 바꿀 수 있도록 알려드리겠습니다.

▶ 실습을 시작하십시오.
(강의자 지침사항)
1. 두 명씩 짝을 짓고 한 사람이 20분씩 인도하게 하라.
2. 20분이 지나면 짝을 바꿔 연습하게 하라.
3. 실습하는 동안 강의자는 학생들을 관찰하고 도움이 필요한 부분이 있다면 도우라.

2. 시범 대화 학생용 교재 53p

당신 : 영수씨 다시 만나기를 기다렸습니다. 어제 우리가 나눈 대화에 대해 더 생각을 해 보셨습니까?

영수 : 네, 그랬습니다. 솔직히 말씀드리면 예수님께서 하신 일이 모두 나를 위한 것인지 잘 모르겠습니다.

당신 : 네 무슨 말씀인지 잘 알겠습니다. 어제 말씀드린 것처럼 영수씨는 그리스도를 마음속에 영접함으로 하나님과 새로운 관계를 시작했습니다. 그러나 하나님을 알아가는 데는 시간이 걸립니다. 저도 영수씨와 같은 생각을 한 적이 있습니다. 그렇기 때문에 제가 영수씨를 다시 만나 하나님을 더 잘 알 수 있도록 도와드리려고 하는 것입니다.

저에게도 도움을 준 친구가 있었습니다.

4영리를 다시 읽고 예수 그리스도께 영수씨 마음속에 들어오심에 대해 다시 한 번 감사를 드렸나요?

영수 : 어제 오후에 4영리를 읽어보았습니다.

당신 : 어제 우리가 나눈 대화중에서 질문이 있습니까?

영수 : 지금은 없습니다.

당신 : 그렇군요. 오늘 우리가 나누려 하는 것은 <그리스도와 함께 하는 새 생활의 시작>이라고 하는 이 책자입니다. 책자의 질문들을 함께 읽어 나가 보겠습니다.

(영수에게 『새생활의 시작』 1권 책자의 서문을 읽어 주고 난 다음에 1쪽을 펴게 하라.)

당신 : 영수씨, 제가 질문을 읽고 제 성경에서 구절들을 찾겠습니다. 그런 다음 토론해 보고 영수씨는 답을 책자에 적으십시오.

영수 : 네, 그것 재미있을 것 같군요.

(2페이지에 있는 첫 두 문단을 읽으라)

당신 : 이러한 방법으로 영수씨의 마음과 생활 속에 그리스도를 영접한 일이 있습니까?

영수 : 네.

당신 : 그 답을 영수씨의 책자에 적으십시오.

당신 : 그렇다면 영수씨의 경우 그리스도는 지금 어디에 계십니까?

영수 : 제 마음에요.

당신 : 요한계시록 3장 20절에 의하면 그리스도가 영수씨의 안에 계신 것을 어떻게 알 수 있습니까?

영수 : 그가 들어오시겠다고 말씀하셨으니까요.

당신 : 그렇습니다.

(답을 그의 책자에 기록하게 하라.)

당신 : 질문을 계속 살펴보겠습니다.

영수 : 좋습니다.

(이와 같은 방법으로 1권의 결론까지 인도하라.)

당신 : 예수님을 영접하면 하나님과 새로운 관계를 맺고 새로운 생명을 얻으며 새로운 체험을 하게 됨을 배웠습니다. 영수씨에게 도움이 되었나요?

영수 : 도움이 되었어요.

당신 : Action Point 부분을 펴 볼까요? 일주일 동안 하나님께서 행하신 일을 날마다 한 가지씩 감사하십시오. 그리고 더 하나님을 알고 확신 할 수 있도록 요한복음1-3장과 신앙개념 1권 '그리스도인임을 확신히는 방법'을 읽어보시기 바랍니다.

영수 : 네, 그러겠습니다.

당신 : 예수님을 영접하여 하나님과 새로운 관계가 시작되었는데 만일 죄를 지으면 어떻게

될까요? 이 관계가 끊어질까요?

영수 : 글쎄요.

당신 : 궁금하시지요? 『새생활의 시작』 2권에서는 바로 이 문제를 다룹니다. 다음 주에 다시 만나 우리 함께 이야기해보지요. 그리고 영수씨와 같은 새 신자들의 모임이 있습니다. 같이 모여 이야기하고 서로를 위해 기도하고 성경도 공부하지요. 이러한 모임에 참석하면 아주 재미있고 많은 도움이 될 것입니다. 다음 주에는 약 45분이나 1시간 정도 영수씨와 만날 수 있으면 좋겠습니다.

영수 : 예. 좋습니다.

당신 : 그럼 다음 주 화요일 오후 3시에 여기서 만날까요? 괜찮으시겠습니까?

영수 : 네, 그때 나오겠습니다.

당신 : 영수씨, 시간과 장소를 메모하시지요. 저도 메모하겠습니다.

영수 : 네, 적었습니다.

당신 : 영수씨, 저는 이 학교 학생들에게 4영리를 사용하여 그리스도에 대해 나누고 있습니다. 이제 전도하려고 하는데 저와 같이 가보시겠습니까?

영수 : 네, 같이 가서 한번 보고 싶습니다.

당신 : 그럼 지금 기도하고 모임을 마친 후에 가도록 하겠습니다.

영수 : 네, 기대가 됩니다.

당신 : 제가 기도하겠습니다.

3. 실습 나눔 학생용 교재 55p

(제안된 나눔 주제)

1. 순모임을 인도해 본 소감을 나누게 하라.
2. 실습한 것에 대해 질문이 있는지 물어보라.
3. 순모임을 인도하면서 어려운 점이 있었는지 물어보라.

훈 련 평 가 서

다음의 질문들에 대해 진지하게 응답해 주시면 대단히 감사하겠습니다.
이 평가서는 앞으로 이 훈련을 더 잘 진행하는데 많은 도움이 될 것입니다.

이 름 :	날 짜 :
이메일 :	교 회 :
학 교, 직 장 :	학 년 :
주 소 :	휴대전화 :

1 이 훈련에 관해 누군가로부터 들은 적이 있으십니까 ?

2 이 훈련에 참석하게 된 동기는 무엇입니까?

3 이 훈련의 어느 부분이 당신에게 효과적으로 하나님을 증거할 수 있도록 도움이 되었습니까?
설명 :

4 이 훈련이 개인적으로 당신에게 어떤 의미가 있었습니까?
(이것은 다른 성도들이나 학생들이 이 훈련을 받도록 격려하는데 사용할 수 있도록 3~4 문장 정도로 당신의 생각을 적어 주시면 감사하겠습니다.)

5 앞으로 이 훈련을 더 잘 실시할 수 있는 좋은 방안이 있다면 적어 주십시오.

예수 그리스도를 효과적으로 증거하기 위해 이 훈련에 참석해 주셔서 감사합니다. 이 훈련이 전도에 큰 도움이 되었다면 주변의 다른 사람들에게도 이 훈련에 참석하도록 도전해 주십시오.

LTC 중급IG(신개정판)

2010년 5월 15일 신개정판 초판 발행

2021년 6월 4일 신개정판 초판 4쇄 발행

엮은이 한국대학생선교회
펴낸곳 순출판사
디자인 CCC DIA
등록 제 2020-000159호
주소 서울시 종로구 백석동 1가길 2-8
전화/팩스 02)722-6931~2 / 02)722-6933
가격 6,000원

책 내용과 관련된 문의는 한국대학생선교회_MRD(02-397-6267)로 문의 바랍니다.

ISBN 978-89-389-0222-1